# ERRATA

Zauważone omyłki drukarskie i inne.

(Należy je poprawić przed korzystaniem ze słownika)

| Strona | wiersz od góry | wiersz od dołu | poprawki |
|---|---|---|---|
| 8 | | 2 | „ręka rękę" |
| 15 | | 16 | Putney |
| 25 | 3 | | złość |
| 30 | 13 | | billiard |
| 47 | 5 | | cock-horse |
| 54 | | 5 | skreślić jedno „men" |
| 58 | | 15 | skreślić jedno „and" |
| 86 | 10 | | przed „red-handed" dodać „caught" |
| 87 | 14 | | po (pot) dodać (przen) |
| 90 | | 12 | domniemany |
| 122 | 16 | | the street |
| 126 | | 7 | dodać „nowiutki, nie używany" |
| 134 | 14 | | dodać „nic z tego" |
| 138 | | 6 | dodać „snobizm" |
| 147 | | 16 | Relations |
| 180 | 17 | | dodać „be" przed „on top" |
| 197 | 3 | | po „wishy-washy" dodać „talk" |

D1732712

PIOTR BORKOWSKI

# ANGIELSKO - POLSKI SŁOWNIK IDIOMÓW I ZWROTÓW

## AN ENGLISH - POLISH DICTIONARY OF IDIOMS AND PHRASES

*Distributed worldwide by*
ORBIS BOOKS (LONDON) LTD
66 Kenway Road, London SW5 0RD
and in United States of America by
Hippocrene Books Inc.,
171 Madison Avenue, New York, NY 10016

*Copyright by*
*Odnova Limited*

*No part of this work may be reproduced in any form without permission from the author except for the quotation of brief passages in criticism.*

**First published 1963**
**Second edition 1982**

ISBN 0 903705 46 X

**Published by Odnova Limited, 27 Hamilton Rd., Bedford Park, London, W4 1AL**

Printed in Great Britain by
Biddles Ltd, Guildford, Surrey

# SKRÓTY — ABBREVIATIONS

*am* — amerykańskie
*ang* — angielskie
*arch* — archaiczne
*b* — bardzo
*br* — brytyjskie (odnosi się tylko
    do W. Brytanii)
*dosł* — dosłownie
*emf* — emfaza (podkreślenie)
*fr* — francuskie
*gw* — gwarowe
*hist* — historyczne
*ir* — ironiczne
*itp* — i temu podobne
*j.w.* — jak wyżej
*kor* — w korespondencji
*lit* — z literatury
*łac* — łacińskie
*mal* — malarstwo
*mar* — marynarskie
*niem* — niemieckie
*np* — na przykład
*ob* — obyczajowe
*odp* — odpowiednik
*ono* — onomatopea (dźwiękonaśladowcze)
*parl* — parlamentarne (Parlament Brytyjski)
*pol* — polityczne
*pot* — potoczne
*por* — porównaj
*praw* — prawnicze
*przec* — przeciwstawne
*przen* — przenośne
*przy* — przysłowie
*ros* — rosyjskie
*sąd* — sądownicze
*sl* — slang (gwara)
*s.o.* — someone
*s.t.* — something
*szk* — szkolne
*t* — także (jedno z niespodziewanych dla Polaków znaczeń)
*w/g* — według
*woj* — wojskowe
*zn* — zniekształcone
*zwł* — zwłaszcza
*żart* — żartobliwe

# PRZEDMOWA

W pracy nad tym słownikiem przyświecały mi dwa cele. Cel pierwszy — dać czytelnikowi polskiemu zbiór idiomów, zwrotów i najczęściej używanych przysłów angielskich. Cel drugi — zaopatrzyć dzieci polskie, zamieszkałe w krajach anglosaskich, w polskie idiomatyczne odpowiedniki tych zwrotów, idiomów i przysłów. Ale przecież w koncepcji tego słownika tkwi i cel trzeci — odświeżyć polszczyznę emigracji polonijnej. Następstwem tego jest świadoma metoda unikania, o ile można, dosłowności w doborze odpowiedników. A więc „a good riddance" — „baba z wozu, koniom lżej"; „let bygones be bygones" — „co było a nie jest, nie pisze się w rejestr"; „live from hand to mouth" — „żyć z dnia na dzień".

Przecież idiom to właściwość językowa, zwrot nieprzetłumaczalny dosłownie na inny język.

Będąc w „embarras de richesse", musiałem ze skarbca języka angielskiego wybrać najbardziej reprezentatywne i najczęściej używane idiomy. (Dla uproszczenia będę używał zbiorowego określenia „idiomy", które ma obejmować idiomy właściwe, zwroty i przysłowia). Marzeniem każdego autora słownika tego rodzaju jest niewątpliwie jego pojemność, podanie źródeł pochodzenia większości idiomów (etymologii) oraz zacytowanie przykładów z literatury. W warunkach emigracyjnych musiałem liczyć się z ceną wydawnictwa. Chciałem wydać słownik przystępny dosłownie dla wszystkich.

Zaawansowani w języku angielskim czytelnicy mają możność, czas i środki na korzystanie z wielu słowników z objaśnieniami po angielsku: pojemnych słowników ogólnych, etymologicznych, słowników idiomów, slangu, przysłów i synonimów. Lecz i ci czytelnicy muszą pamiętać o tym, że idiomy to nie są „gołąbki, które same lecą do gąbki".

Idiomy trzeba znać. Należy na nie zwracać uwagę podczas czytania. Trzeba je zapamiętywać i używać w mowie i piśmie.

Przepuściłem przez moją pracowię dziesiątki słowników w różnych językach. Wertowałem wiele słowników angielskich z objaśnieniami po angielsku. Uniwersalność języka angielskiego wymaga uniwersalności w układzie słowników idiomatycznych. Taki słownik ma służyć czytelnikom na wszystkich kontynentach

8

świata, narodom różnych ras, kultur, wierzeń religijnych i obyczajów. Dlatego też słowniki idiomatyczne angielskie zawierają olbrzymie zespoły idiomów pochodzenia religijnego, mitologicznego, klasycznego i z literatury światowej. Albowiem Arab, Malajczyk, Chińczyk i Japończyk — należący do innych kultur i religii — mogą nie rozumieć znaczenia tych idiomów, które dla Europejczyka są „chlebem powszednim" w jego własnym języku.

Pisząc słownik dla Polaków, świadomie pominąłem odpowiedniki angielskie: „oko za oko, ząb za ząb" „sól ziemi", „kości są rzucone", „Filemon i Baucyda", „walka z wiatrakami". A propos „chleb powszedni", Eskimosi nie rozumieli zdania w Modlitwie Pańskiej „chleba naszego powszedniego" i Papież Pius XII w specjalnej bulli zezwolił im na używanie słów „ryby naszej codziennej". Język jest bowiem funkcją nie tylko kultury, obyczajów, klimatu i gospodarki, lecz i sposobu odżywiania się!

Pominąłem olbrzymi zespół idiomów czasownikowych, które zawierają wszystkie obszerne słowniki ogólne.

Twórca uproszczonego języka angielskiego Basic English, C. K. Ogden ograniczył się do 850 wyrazów, z czego używał tylko 18 czasowników zasadniczych („operators") oraz 182 czasowników, mających brzmienie identycznych rzeczowników. Te 18 „operators" warto wymienić: come, get, give, go, keep, let, make, put, seem, take, be, do, have, say, see, send, may, will. Połączenie nawet tylko wyżej wymienionych „operators" z przysłówkami, przyimkami i innymi częściami mowy daje bogactwo, wyrażające się w astronomicznych liczbach permutacji. Przekracza to skromne ramy mego słownika.

Powodowany oszczędnością, musiałem pomijać cechę bezokolicznika „to" i rodzajniki tam, gdzie to nie nastręczało nieporozumień, i synonimy polskie niektórych zwrotów. Starałem się dać odpowiednik najczęściej używany w polszczyźnie. Gwarę (slang) potraktowałem tylko przykładowo.

Przytoczyłem niektóre pojedyńcze wyrazy (oznaczając je skrótem „t" — „także"). które mają dla Polaków niespodziewane znaczenia („sums, tails, governor, compass, national, oak, constitutional" itp), by wzbudzić dociekliwość, skłonić czytelników do używania wielkich słowników ogólnych i szukania w nich 17-tych czy też 20-tych znaczeń wielu wyrazów, które w języku polskim mają tylko jedno znaczenie.

Bogactwo bliskoznacznych idiomów angielskich jest nieprzebrane. Wyrażenie biblijne „ręka rękę myje" w tłumaczeniu angielskim brzmi „one hand washeth (arch) another", a przecież

potocznych odpowiedników jest kilka „you play my game, and
I'll play yours", „one good turn deserves another", „scratch
my back and I'll scratch yours", „roll my log and I'll roll
yours" i „claw me and I'll claw thee"..

A oto przykład wręcz zdumiewający. A. W. Kunin w zbio-
rze „Angło-russkij frazeołogiczeskij słowar' " (Moskwa, 1956)
podaje następujące wyrażenia bliskoznaczne angielskie i amerykańskie, ogólnonarodowe i regionalne, historyczne i przesta-
rzałe, potoczne i gwarowe: „not to care: a bean, bit, brass
farthing, button, curse, tinker's curse, damn, tinker's, damn,
darn, dern, doit, farthing, fiddlestick, fig, groat, hang, hoot,
hoot in Hades, iota, jack-straw, jot, pin, rap, rush, sixpence,
snap, stiver, straw, two straws, thing, twopence, twopenny, two
hoots, two hoots in hell, two pins, whoop, cent, red cent,
continental, hill of beans".

Znam 43 idiomy, które są odpowiednikami polskich „wariat,
chory umysłowo, ma kiełbie we łbie, brakuje mu śrubki". Po-
dam kilka: „want twopence in a shilling, off his chump, weak
in the upper story, has bats in the belfry, off one's onion, as
mad as a March hare, nutty as a fruit cake". Konia z rzędem
temu (idiom narodu kawalerzystów i koniarzy!), kto do każdego z nich dobierze odpowiednik polski o identycznym stopniu pospolitości.

Światowy zasięg angielszczyzny, idący wślad za politycznymi,
gospodarczymi i kulturalnymi wpływami Wielkiej Brytanii podczas budowy Imperium, Commonwealthu i rozwijania handlu
zamorskiego, stworzył warunki wzbagacania się i rozrostu języka na skalę niespotykaną w dziejach innych języków. Można
sparafrazować powiedzenie „trade follows the flag" — „the
language follows the flag".

Doskonale zrozumiał to Bismarck, uważając że najdonioś-
lepszym w skutkach wydarzeniem było utrwalenie się Stanów
Zjednoczonych jako mocarstwa mówiącego po angielsku. Stany Zjednoczone stały się wielką kuźnią języka angielskiego.
Dwie wojny światowe, wymiana kulturalna, prasa, radio, telewizja, turystyka złożyły się na to, by zadać kłam trącącemu
teraz myszką dowcipowi Oscara Wilde'a: „We have really
everything in common with America nowadays, except, of course,
language" („The Canterville Ghost").

Można w prostocie ducha pośmiać się sobie, że Amerykanie
nazywają benzynę — „gasoline", kolej podziemną — „subway",
a windę „elevator", lecz nie wolno lekceważyć olbrzymiego
wkładu Ameryki do skarbca języka angielskiego. Wbrew oporo-
wi purystów językowych, którzy bali się inwazji amerykaniz-

**10**

mów jak morowej zarazy, idiomy amerykańskie nie tylko zdobyły w W. Brytanii prawo obywatelstwa, ba, zostały uszlachcone w literaturze. Nobliwy sędzia w peruce („big-wig" br. a „big-noise" am.) już zaczyna używać „horse-sense", zamiast rodzimego „common-sense". Zamiast „St. Luke's summer" lub „St. Martin's summer", używa się częściej „Indian summer" (babie lato).

„Be on both sides of the fence, in a fix, bachelor-girl, pin-up girl, open shop, closed shop, ambassador at large, powder room, by Golly, you are welcome, what is cooking, you are telling me, yes-man, too funny for words, to hike, talk through one's hat, stay put, highbrow, egg-head" — to wszystko są naturalizowani w Wielkiej Brytanii emigranci zza Atlantyku!

Jednak nie jest moim zadaniem zamieszczanie w słowniku amerykańskich wyrażeń potocznych i slangu. Wychowanek jednej z „public schools" (br. kosztowna i ekskluzywna szkoła prywatna) emerytowany generał brytyjski na pewno nic a nic nie rozumiał z tego, co mówił o jego żonie w jednym z klubów londyńskich amerykański kapitan: „Say, did I know Lady Alicia! Boy, what a baby! And did she throw some parties. That dame was a real hot number!".

Nie sposób ustalić pochodzenia znacznej większości idiomów. Charles Dickens w „A Christmas Carol" z rezygnacją przyznaje, że nie zna źródła porównania „as dead as a door-nail": „Old Marley was as dead as a door-nail. Mind! I don't mean to say that I know, of my own knowledge, what there is particularly dead about a door-nail as the deadest piece of ironmongery in the trade. But the wisdom of our ancestors is in the simile, and my unhallowed hands shall not disturb it, or the country is done for. You will therefore permit me to repeat emphatically, that Marley was as dead as a door-nail".

Wyrażenia idiomatyczne można podzielić na pewne grupy według ich pochodzenia.

*Idiomy religijne:* z Pisma Świętego Starego i Nowego Testamentu „salt of the earth", „a voice in the wilderness". *Z literatury klasycznej i mitologii:* „the die is cast" — „alea iacta est" (Cezar), „Augean stables", „between Scylla and Charybdis". *Z literatury światowej:* „charge the windmills" (Cervantes). *Z literatury angielskiej:* „man Friday" (D. Defoe), „Joe Miller" — „kawał z brodą" (od autora J. Millera, który na początku 18 wieku wydał zbiór dowcipów i anegdot), „ask for more" (Dickens „Oliver Twist"). *Idiomy historyczne:* „send to Coventry" — wykluczyć z towarzystwa, lekceważyć i bojkotować (żołnierze wysłani do Coventry narażali na bojkot niewiasty, które z nimi ukazywały się na ulicach). „Bobby", „Peeler" policjant (od Sir Roberta („Bob") Peel'a, twórcy nowoczesnej policji). *Idiomy geograficzne*: „carry coals to Newcastle" — lać wodę do studni (Newcastle to centrum kopalnictwa węglowego). Chyba tylko Brytyjczycy, którzy tyle mieli do czynienia z Holandią i Niemcami posiadają tyle idiomów na „Dutch"*) (proszę się przekonać!), najczęściej oznaczających różne dziwactwa.

*Idiomy obyczajowe*: „to give s.o. cold shoulder" — zlekceważyć kogoś (zwyczaj podawania nieproszonemu gościowi zimnego mięsa), „baker's dozen" — feralna trzynastka (od zwyczaju dodawania trzynastego bochenka do tuzina bochenków, by zabezpieczyć się przed dużymi karami za brak przepisowej wagi); „nail to the counter" — piętnować, przygważdżać (od zwyczaju przybijania fałszywych monet do lady sklepowej). „Not enough room to swing a cat" — długo się zastanawiałem, dlaczego naród miłośników kotów ma tak okrutny idiom. Musiałem pojechać aż do Portsmouth i zwiedzić z Józefem Łobodowskim „Victory" Nelsona, by zrozumieć ten idiom. W idiomie tym nie chodzi o kota, kręconego za ogon, lecz o bicz „cat o'nine tails", składający się z 9 rzemieni, którym wymierzano karę w wojsku i w marynarce. Na „Victory" oglądaliśmy taki bicz.

Nie będę mnożył przykładów i systematyki. Jednak nie mogę opuścić idiomów powstałych przez zniekształcenie. Na przykład należy do nich cała grupa wykrzykników, pochodząca od „God". Purytanie zajmowali się nie tylko obrazoburstwem, tłuczeniem witraży i doprowadzaniem do upadku kuchni angielskiej (umartwianie się), lecz nie mniej gorliwie pilnowali przestrzegania drugiego przykazania, ukrywając „God" w różnych zniekształconych postaciach lub zastępując je przez „Lord, Heaven, goodness, gracious, Gog, by Gog's body, bones, by Golly, gosh, by gum, by cock's wounds, coo, cor ummy (God love me), blimey — (God blind me), goddam (God damn)". „Apple-pie order" — wzorowy porządek ( w szarlotce???), to zniekształcone francuskie — „nappe pliée" (złożona serwetka). „To eat humble pie" — jeść pokorny pierog??? Nie, to zniekształcone „eat umble pie" — pierog z dróbek (jedzenie biedaków).

Są idiomy zbieżne, powstałe samorodnie. Nikt nikomu ich nie kradnie. Weźmy taką „osikę". „Drżeć jak liść osiki" = „tremble like an aspen leaf" ang. = „drożat' kak osinowyj list", ros. = „wie Espenlaub zittern", niem. Widocznie od

─────

*) „Dutch" oznacza nie tylko „holenderski" ale i „niemiecki" (zniekształcone „Deutsch").

gór Uralu po zachodni brzeg Szkocji żadne drzewo nie ma tak drżących liści jak osika. Włosi, Hiszpanie i Francuzi nie potrzebują żadnego analogicznego wyrażenia, gdyż byłoby to „masło maślane". W językach ich bowiem osika oznacza „trémula", álamo temblón", „le tremble", coby odpowiadało polskiemu „drżączka". Na dobrą sprawę Niemcy też mają inną, jakże dzwiękonaśladowczą nazwę osiki „Zitterpappel" („drżąca topolla"). Skoro już mówimy o liściach, tylko narody korzystające z dobrodziejstwa fińskiej łaźni (sauna) i używające brzozowych mioteł w tej łaźni mają określenie „pristał kak bannyj list k zadnice" ros., co odpowiada polskiemu „przyczepił się jak wesz do kożucha" (lub „jak rzep do psiego ogona").

Można, nie patrząc do żadnych słowników, zaryzykować twierdzenie, że znaczny procent języków prymitywnych i rozwiniętych posiada wyrażenie „deptać po piętach".. To tak oczywiste, tak proste!

Przysłowia, perły mądrości ludowej, są samorodnymi elementami danego języka. A krótkie wiersze o pogodzie i porach roku?!

W słowniku Kazimierza Bulasa i Francisa J. Whitfielda („The Kościuszko Foundation Dictionary") znajduję taką oto perłę:

„A pack of March dust and shower in May,
    makes the corn green and the fields gay",

„Suchy marzec, mokry maj, będzie żyto niby gaj".

Idiomów angielskich o Polakach jeszcze nie ma. Lecz w Stanach istnieje wyraz o końcówce polskiej „buttinski" — „ciekawski, wtrącalski", a pochodzi on od czasownika „to butt in". Nieprzyjemny idiom? Nie powiedziałbym! Świadczy o dociekliwości i badawczości Polaków.

„Powiedz mi jakie masz idiomy, a powiem jakim jesteś narodem". Naród miłośników psów musi mieć sporo idiomów z „dog", które najczęściej oznaczają cechy człowieka. Nazwałbym to „kanifikacją" człowieka. Naród morski musi mieć takie idiomy, jak „to know the ropes"; „the coast is clear"; „worse things happen at sea" (bywa gorzej); „tell that tale to the marines"; „pity poor sailors on a night like this"; „shipshape". Tylko naród morski i oceaniczny może nazwać Ocean Atlantycki „The ditch" (rów), a tylko lotnicy Royal Air Force mogli określić Kanał Angielski i w ogóle morze eufemiczną nazwą „The drink" (napój).

Idiomy są gramatyczne i składniowe. W języku polskim niegrzecznie jest mówić o 'osobie obecnej, z którą się nie jest na „ty", „on", „ona". W angielskim jest to idiom gramatyczny. Aby wyśmiać cudzoziemca, Anglik używa tricku składniowego niedopuszczalnego w angielszczyźnie stawiając po pytaniu „yes?", „no?" zamiast „is not it?", „is it?". Języki europejskie używają „nie prawda?", „non è vero?", „nicht wahr?", „n'est-ce pas?". W angielskim idiomów mamy bez liku. Niewinne „how do you do?" nie jest pytaniem, chyba że retorycznym, i nic więcej nie oznacza niż polskie „witam!". Cudzoziemcy jednak uważają to za pytanie i zaczynają opowiadać o swoich chorobach, stosunkach rodzinnych i w odpowiedzi na „how do you do?" wygłaszają krótki życiorys.

„I see" po angielsku najrzadziej oznacza „widzę". Może znaczyć „rozumiem", „a tak, teraz rozumiem", może oznaczać ironiczne zdziwienie, powątpiewanie i w ogóle brak rozumienia. „I see" jest często używane w Anglii przez ślepych.

Trzeba wertować słowniki i szukać wszystkich znaczeń wyrazów. Wtedy nie będziemy się dziwili, czytając „skeleton in the closet (am) (cupboard)". „Closet" oznacza i gabinet, i mały pokoik, i schowek pod schodami. „A skeleton in the closet" = przykra tajemnica rodzinna, ukrywana przed obcymi.

Niektóre idiomy mają odmiany, jak np. „still waters have deep bottoms", „still waters run deep", inne są tak ścisłe jak wzór algebraiczny: „more or less", nie „less or more", ani „less more" (mniej więcej). „In a family way" — z rodzajnikiem nieokreślonym, oznacza — bez krępowania się, bez ceregieli, po domowemu, lecz „in the family way" — z rodzajnikiem określonym — „w ciąży". „Go for a walk" = „iść na spacer", „go at a walk" = „iść wolnym krokiem".

Warto rozumieć idiomy, dobrze jest trafnie je stosować, lecz należy wystrzegać się przesady i brzydkiego zwyczaju gorliwych neofitów — łączenia kilku idiomów spójnikami. Tak jak należy wystrzegać się klisz (wyświechtanych wyrażeń — „burzliwe oklaski", „znany i uznany", etc.). Gdy zastanawiam się nad przykładami klisz, przychodzą mi do głowy dwie klisze do kwadratu: polska „po długich i ciężkich cierpieniach" (tego zdania zecer nie rozrzuca ze składu nekrologu, chowając je w całości dla następnego nieboszczyka) i szpitalna angielska „the patient is as well as could be expected" (można to nagrać na taśmę i podłączyć do telefonu szpitalnego).

# 14

## UKŁAD SŁOWNIKA

Ułożenie idiomów w porządku alfabetycznym to zadanie nad wyraz trudne. Nigdy w życiu nikomu tak nie zazdrościłem, jak A. J. Worralllowi, autorowi „English Idioms for Foreign Students" (Longmans, 1961).

Nie miał on ani krzty kłopotu z układem alfabetycznym, bo po prostu podzielił cały materiał na rozdziały: idiomy o zwierzętach, ptakach i rybach, kolorach, owocach, częściach ciała etc.

Borykając się z układem alfabetycznym, postanowiłem użyć następującej metody. Każdy idiom posiada wyraz zasadniczy, który określamy „hasłem" (ang. key-word, catchword, fr. mot clé, niem. Stichwort, ros. zagławnoje słowo). Otóż o miejscu idiomu w układzie alfabetycznym decyduje hasło. „Grass widow" — pod „widow", „to buy a pig in a poke" — pod „buy", „time out of mind" — pod „time".

Cały materiał da się podzielić na trzy grupy klasyfikacyjne:

1) `Klasyfikacja ścisła`: gdy hasło angielskie i polskie są identyczne i w słowniku angielsko-polskim można odszukać znaczenie angielskie w/g hasła polskiego:

„Indian *summer*" — „babie *lato*",

„old *love* will not be forgotten" — „stara *miłość* nie rdzewieje".

2) *Klasyfikacja przybliżona*: gdy jest wyraźna asocjacja pojęciowa między hasłami angielskimi i polskimi:

„cross one's *mind*" — „przyjść do *głowy*",

„be at *daggers* drawn" — „być z kimś na *noże*".

3) *Klasyfikacja w/g hasła angielskiego*:

„*diamond* cut diamond" — „trafiła kosa na kamień",

„kick s.o. *upstairs*" — „dać komuś synekturę". „dać komuś awans tytularny ale degradację faktyczną".

Zaopatrzenie słownika w alfabetyczny indeks polski rozwiązałoby wiele trudności, lecz słownik kosztowałby dwa razy tyle. Rzecz niesporna, że układ alfabetyczny angielsko-polski zadawalająco rozwiązuje dwa zagadnienia.

A) daje możność dzieciom polskim łatwiej znajdować odpowiedniki polskie idiomów angielskich.

B) jest łatwiejszym systemem uczenia się idiomów angielskich podczas czytania tekstów angielskich.

**15**

W niniejszej przedmowie stale używam określenia „czytelnik". Tak — czytelnik! Słownik ten trzeba czytać i robić notatki na marginesach. Twierdzę, że w nauce języka nie ma drogi „naprzełaj" („shortcut"). Tyle każdy będzie umiał, ile godzin poświęci na czytanie książek i słowników. Każdy wysiłek, włożony w czytanie słownika, sowicie się opłaci. Najlepiej pamięta się to, w czego zdobycie włożony został wysiłek.

Czytelnik znajdzie w słowniku skróty przy poszczególnych idiomach. Najważniejsze skróty to „pot" — potoczne, i „sl" (slang — gwara, żargon). Nie podawałem w grupie slangu tych wyrażeń, które noszą nazwę „objectionable slang" (wyrażenia wulgarne). Przy postępującym procesie demokratyzacji języka coraz większa liczba idiomów gwarowych znajduje prawo obywatelstwa w języku potocznym i literackim. Semantyka wykazuje, że nie ma ścisłej linii demarkacyjnej między wyrażeniami potocznymi a językiem literackim, między slangiem a wyrażeniami potocznymi. Gdy w roku 1914 Bernard Shaw włożył w usta Elizy Doolittle („Pygmalion") zdanie „Walk? Not bloody likely. I am going in a taxi", dygotały z oburzenia wszystkie matrony londyńskie od Putnej do Hampstead. A teraz? Nie radzę Polakom używać wyrazu „bloody", choć jakiś cierpliwy badacz slangu zauważył niedawno, że w ciągu tygodnia w programach telewizyjnych użyto go kilkadziesiąt razy. Anglik nie lubi gdy cudzoziemiec wymawiający po słowiańsku nazwę miejscowości „Tottenham" („to ten cham") równocześnie używa żargonu.

\* \* \*

*Pragnę gorąco podziękować Wszystkim Językoznawcom i Pisarzom, Przyjaciołom i Znajomym, którzy nie szczędzili mi życzliwych rad i prostowali ścieżki mego słownika.*

*Dziękuję serdecznie mojej Żonie Irenie i Dzieciom Annie i Krzysztofowi za niestrudzoną pomoc i anielską cierpliwość. Zdawało się, że dom nasz zamienił się na trzy lata w łożysko wartkiej rzeki idiomów.*

*Piotr Borkowski*

*Felpham, Sussex.*

# FOREWORD

*This is the first, though of course a modest attempt to compile a sizeable dictionary of English idioms and phrases for Poles.*

*It has been written primarily for Poles who settled in the English-speaking countries during and after the last war. I have endeavoured to provide them with idiomatic and colloquial expressions, stock phrases of "bound" speech and some set sayings and proverbs, which have their idiomatic equivalents in the Polish language.*

*I fervently hope that the dictionary may prove to be of considerable help to all those who study Polish: that is to say Polish children born in the English-speaking countries, Polish pre-war emigrants who are trying hard to brush up and enrich their idiomatic Polish, and, last but not least, all other students of Polish.*

*One should not overlook the fact of the revival of the Polish language after the last war, when large waves of war refugees reached the shores of the United States and Canada encountering thousands of old emigrants and their offsprings, members of the Polish-American community. Their language is rusty and withered, their vocabulary contains barbarisms galore. Polish books, Polish press and reviews, standard dictionaries and dictionaries such as mine might be an answer to their endeavours to modernize and enrich their Polish.*

*I have done my utmost to provide Polish renderings of the same degree of intensity and colloquiality and to compile as far as feasible a symmetrical dictionary. William Blake tried to convince us that a tiger is symmetrical:*

> *"Tiger, tiger, burning bright*
> *In the forests of the night,*
> *What immortal hand or eye*
> *Could frame thy fearful symmetry?"*

*.It is undoubtedly a poetic licence. One can imagine the symmetry of a butterfly or other insects. And, to my mind, all lexicographers should strive to produce symmetrical dictioaries.*

*Thus:*

*Indian summer — babie lato*
*over my dead body — po moim trupie*

*Queen Anne is dead* — królowa Bona umarła
*let bygones be bygones* — co było a nie jest, nie pisze się
   w rejestr
*he will never set the Thames on fire* — on prochu nie wymyśli
*to fly a kite* — puszczać balon próbny
*to run after two hares* — trzymać (łapać) dwie sroki za ogon
*to show a clean pair of heels* — wziąć nogi za pas
*dirt cheap* — tanio jak barszcz
*send a fool to France and a fool will return again* — i w
   Paryżu nie zrobią z owsa ryżu
*to be equal to the occasion* — stanąć na wysokości zadania
*a good riddance* — baba z wozu, koniom lżej
*second to none* — nie ustępujący nikomu
*it's raining cats and dogs* — leje jak z cebra; lecą żaby z nieba
*henpecked husband* — mąż pod pantoflem; pantoflarz
*pigeon's milk* — ptasie mleko
*to consult one's pillow* — odłożyć decyzję do rana, przespać się
   na sprawie
*to laugh in one's sleeve* — śmiać się w kułak (pod wąsem)
*pull up your socks!* — weź się do kupy!
*have only a smattering of s.t.* — znać piąte przez dziesiąte
   (po łebkach)
*from smoke into smother* — z deszczu pod rynnę
   In order to encourage and, indeed, induce students of English
to undertake further research in phraseology and vocabulary
I have included in the dictionary, just for example's sake, a
smattering of: 1) slang (unobjectionable), 2) idioms used in
the United States only; 3) single words, 4) similes and 5)
cliches. All single words marked by the abbreviation "t" —
"także" ("also") are those whose other meanings may be
unknown by Poles (e.g. compass, to satisfy, constitutional, to
second, sums, tails, governor, oak, national etc) I wish to
impress upon my Polish readers the absolute, or rather the im-
perative necessity of using substantial general dictionaries and
consulting them thoroughly to ascertain all the meanings and
renderings of particular words.
   Dictionaries of English idioms with explanations and glossaries
in English are, as a rule, published for students of English all
the world over: for people of different nations, varied edu-
cational background, religions, customs and ways of life and
therefore they all contain quasi-idiomatic expressions of religious, classical, mythological and literary origin e.g. "our daily
bread", "a tooth for a tooth", "the die is cast", "between Scylla
and Charybdis", "Augean stables", "tilt at windmills", "to be
or not to be" etc.

The sources of English, European and Polish culture being the same, all above expressions (or winged words) are identical in Polish and English, so I have omitted them.

I have likewise left out and ignored some obvious expressions which are part and parcel of almost all European languages and are more often than not included in English idiomatic dictionaries e.g. "to grease s.o.'s. hand", "to have clean hands", "to have one's hands tied", "to tread upon s.o.'s heels". The use of such concrete images to represent abstract notions appears to be universal in all languages so far studied. It is quite possible that this process played an important role in the development of human language.

In order to be described as idioms proper some expressions should be more elaborate. Let me give an example: "carry coals to Newcastle", "carry (send) owls to Athens" German: "Eulen nach Athen tragen", French: "porter de l'eau à la rivière (à la mer), Polish "lać wodę do studni", Russian "yezdit v Toulou so svoim samovarom", "drova v les vozit" and "vodi moryu pribavlat". These are inborn, genuine, and authentic idioms, not mere loan expressions from other languages. In all probablity cows in all countries are pervious and susceptible to new or newly painted gates. My correspondent from Finland obliged me with scores of very colourful expressions and such an expression as "töllistella kuin lehmä uutta veräjää" — "to stand open-mouthed like a cow in front of a new gate"— "patrzeć jak cielę (wół) na malowane wrota". This is also a genuine both Finnish and Polish idiom.

One may be struck by similarities of "coloured" English and Polish. But I cannot think of a better instance than "to tremble like an aspen leaf"—"drżeć jak liść osiki". It is an international simile through and through (Russian: "drozhat kak osinovyi list", German: "wie Espenlaub zittern"). Italians, Spaniards and French have no necessity for such an expression as it would be a sheer tautology. For "aspen" in Italian is "tremula", "álamo temblón" in Spanish and "le tremble" in French, which suggests trembling. German language has also a sonorous and onomato-poeic description of "aspen"—"Zitterpappel" ("trembling poplar").

One may assume that from the Ural Mountains to the Rock of Gibraltar there grows no other tree whose leaves tremble so.

Idiom is subject to relativity. Whether a phrase is idiomatic or not may be determined only in relation to another particular language. If one is unable to translate word by word an English expression into French, it is certainly an idiomatic expression *in relation to French. In short one could think of an English phrase idiomatic for an Arab but non-idiomatic for a Pole.*

*I have dwelt at length upon the phrase "to tremble like an aspen leaf" which can be rightly described as a "vegetation-belt idiom" common to all countries in which the aspen grows and which is idiomatic in relation to all countries in which the tree is unknown.*

*Though "our daily bread" is taken from the Christian Lord's Prayer it does not mean in the least that non-Christian daily-bread-eating people may not use it. Pope Pius XII issued a bull allowing the Eskimos to use in the Lord's Prayer "our daily fish" instead of "bread". It is therefore both a religious and a "nutritional" idiom.*

*Without unduly stretching one's imagination one can presume that there are some South-East-Asian nations of rice-eaters who substitute "our daily bread" with "our daily rice".*

*Tell me all about your idioms, sayings and proverbs and I shall tell you what kind of nation you are. For example "conscientious objector" to be translated into some other language would require writing quite a short story, because the problem does not exist at all in some countries. A nation of dog-lovers is likely to have a great number of idioms about dogs, which are used to describe characteristics of humans (I would call it "canification" from "canis"—"dog" in Latin). "Lucky dog, gay dog, surly dog, dirty dog" etc. No wonder that in English there are so many expressions containing "Dutch". The English, the Dutch ( from Holland) and the Germans ("Deutsch") have had political and commercial relations time out of mind. Therefore all peculiarities of human behaviour, all oddities are described: "double Dutch", "it's Dutch to me", "Dutch feast", "Dutch auction", "Dutch bargain", "Dutch concert" etc.*

*No wonder that a seafaring nation should have such idioms as "to know all the ropes", "the coast is clear", "see how the land lies", "worse things happen at sea" and "ship-shape". Only a nation "ruling the waves" of "the Seven Seas" could describe the Atlantic Ocean euphemistically as "The ditch", and only the dare-devils of the Royal Air Force had the nerve to nickname the English Channel "The drink". It may be slang, but what slang! The beauty of it!*

*I cherish the thought that my English readers will enjoy some of these Polish idioms, as I am enjoying the English ones.*

*Piotr Borkowski*

# A

**be in abeyance** — być w zawieszeniu

**be about to do s.t.** — mieć zamiar coś zrobić; zabierać
się do czegoś

**how about...?** — czy chciałbyś...? co byś powiedział
na ...?

**above all** — przede wszystkim; nade wszystko

**above board** — otwarcie, bez ukrywania

**keep abreast with** — trzymać rękę na pulsie; iść z postępem, z duchem czasu

**be conspicuous by one's absence** — świecić nieobecnością

**conspicuously absent** — świecący nieobecnością

**absence of mind** — roztargnienie

**to meet with an accident** — ulec wypadkowi

**on one's own accord** — dobrowolnie; z własnej woli

**settle (square) accounts with s.o.** — policzyć się z
kimś; zemścić się na kimś

**bring to account** — pociągnąć do odpowiedzialności

**no account (am)** — bezwartościowy

**of no account** — nie mający znaczenia

**on no account** — w żadnym wypadku

**that accounts for...** — to tłumaczy; teraz jest wszystko
jasne

**the ace of trumps** — główny atut; najważniejszy dowód

**within an ace of** — blisko; tuż

**make an acquaintance** — zawrzeć znajomość

**drop acquaintance** — zerwać stosunki (znajomość)

**act of God (praw)** siła wyższa

**action stations** — pogotowie bojowe

**to be killed in action** — paść na polu bitwy

**on active service** — w czynnej służbie

**bring an action against s.o.** — wytoczyć sprawę sądową

**Adam's ale (wine),** (pot żart) — czysta woda

**pay one's addresses to (a lady)** — umizgać się; zalecać się do

**have a good address** — mieszkać w dobrej dzielnicy (miasta)

**address oneself to** — zwrócić się do

**an Admirable Crichton** — człowiek uniwersalny

**lost in admiration** — zachwycony

**no admittance (out of bounds)** — wstęp wzbroniony

**much ado about nothing** — dużo hałasu o nic; burza w szklance wody; z igły widły

**without much (more, further) ado** — bez zwłoki; bez ceremonii

**in advance** — zawczasu; z góry

**make advances** — proponować; iść na rękę; umizgać się

**advance by leaps and bounds** — posuwać się szybko naprzód

**show s.t. to the best advantage** — przedstawić coś w najbardziej korzystnym świetle.

**adversity makes strange bedfellows** (przy) — niebezpieczeństwo zbliża

**I can afford it** — stać mnie na to

**I am afraid (t)** — niestety

**after all** — mimo to; jednak; zresztą

**be after s.t.** — zmierzać do

**after you!** — pan pierwszy! proszę naprzód! proszę bardzo!

**again and again** — wciąż; stale; raz za razem

**over again** — jeszcze raz; znowu

**under age** — małoletni; niepełnoletni

**come of age** — osiągnąć pełnolecie

**of age** — pełnoletni

**look one's age** — wyglądać na swój wiek

**I have not seen you for ages** (pot) — tak długo nie widziałem ciebie (nie widziałem ciebie kopę lat)

**free agency** — wolna wola

**long ago** — dawno temu

**a while ago** — niedawno

**all agog (with expectation)** — pełen (oczekiwania)

**set agog** — zelektryzować; wprawić w stan wielkiego podniecenia

**it agrees with me** — to mi służy

**we agreed to differ** — każdy z nas pozostał przy swoim zdaniu

**get ahead** — robić karierę; wysuwać się na czoło

**aid and abet** (praw) — poduszczać kogoś do czegoś; być współsprawcą czegoś **(zwłaszcza przestępstwa)**

**go by air** — lecieć (podróżować) samolotem

**go on the air** — mówić przez radio

**take the air** — wyjść na przechadzkę

**clear the air** — oczyścić atmosferę

**airs and graces** — zmanierowanie

**put on airs and graces** — krygować się

**assume (give oneself) airs** — zadzierać nosa; udawać ważnego; pysznić się

**saw the air** — wymachiwać rękami; gestykulować

**beat the air** — trudzić się daremnie; młócić słomę

**tread on air** — nie posiadać się z radości; być wniebowziętym

**man with the air of ...** — człowiek o wyglądzie ...

**put one's arms akimbo** — podpierać się pod boki

**alive and kicking** (żart) — pełen życia (energii, werwy)

**be alive to** — mieć otwarte oczy na coś; reagować na

**the best man alive** — najlepszy człowiek pod słońcem

**all in all** — zważywszy wszystko; ogólnie biorąc

**all alone** — sam jeden; samodzielnie, bez niczyjej pomocy

**(on that day) of all (days)** — jakby naumyślnie; akurat (tego dnia)

**all and sundry** — wszyscy co do jednego; wszyscy bez
różnicy

**all at once** — raptem; nagle; niespodziewanie

**all but** — prawie; o mało (co)

**all over** — 1) wszędzie, dokoła; 2) wszystko się skończyło

**that's John all over** — to typowe dla Jana, to Jan
jak na dłoni

**all over again** — znów; od nowa; znowu od początku

**all the better** — tym lepiej

**all his geese are swans** (przy) — (przypisywanie zwy-
kłym ludziom nadzwyczajnych właściwości)

**not for all the gold in Arabia (the tea in China)** —
za nic na świecie

**all out** — energiczny; zdecydowany

**in all** — ogółem

**all told** — wszystkiego razem

**all set** (am) — wszystko gotowe (przygotowane)

**when all comes to all** — zważywszy wszystko; w ostatecznym rozrachunku

**be all out** — wyłazić ze skóry

**all along** — cały czas; od samego początku

**not at all** — ależ proszę bardzo; nie ma za co; bynajmniej

**make allowance for** — brać pod uwagę; zważać na

**...let alone** —... a co dopiero; nie mówiąc już o

**although the sun shines, leave not thy cloak at home**
(przy) — parasol noś i przy pogodzie

**ambassador at large** — specjalny wysłannik dyploma-
tyczny

**lie in ambush** — czekać w zasadzce; czatować

**say amen to** — gorąco popierać (aprobować)

**make amends** — wynagrodzić straty (krzywdy)

**be one's sheet-anchor** — być dla kogoś ostatnią deską
ratunku

**entertain an angel anawares** — nie wiedzieć jak ważnego się ma gościa

**anger detracts from her beauty** (przy) — złość piękności szkodzi

**another time** — kiedy indziej

**answer back** — odpowiadać niegrzecznie (impertynencko)

**know all the answers** — mieć na wszystko gotową odpowiedź

**answer the bell** — otworzyć drzwi (po usłyszeniu dzwonka)

**thanking you in anticipation** (kor) — dziękując z góry

**have ants in one's pants** (sl) — być podnieconym; kręcić się

**not just anybody** — nie byle kto; nie pierwszy lepszy

**is he any better?** — czy on się czuje choć trochę lepiej?

**I am anything but (satisfied)** — bynajmniej nie jestem (zadowolony)

**play the ape** — małpować

**say an ape's paternoster** (pot) — szczękać zębami z zimna

**offer an apology** — przeprosić

**apparel makes the man** (przy) — jak cię widzą, tak cię piszą

**appeal to the country** (parl br) — rozwiązać parlament; rozpisać wybory

**to all appearance** — według wszelkiego prawdopodobieństwa

**keep up appearances** — zachować pozory

**apple sauce** (am sl) — oszustwo, blaga

**hold an appointment** — piastować urząd

**by appointment** — po uprzednim zamówieniu wizyty

**keep (break) an appointment** — stawić się (nie stawić się) na umówiony czas (umówione spotkanie)

**April Fool's Day** — Prima Aprilis

**tied to mother's apron strings** — mamisynek

**tied to s.o.'s apron strings** — trzymający się czyjegoś fartuszka

**a street Arab (Arab of the gutter)** — dziecko puszczone samopas na ulicę; bezdomne dziecko

**argument cuts both ways** — obusieczny argument

**depressed area** — obszar dotknięty bezrobociem

**you must have come out of the ark** — coś ty z księżyca spadł?

**out of the ark (żart)** — staromodne

**to keep s.o. at arm's length** — trzymać kogoś z daleka od siebie

**in the arms of Morpheus** — w objęciach Morfeusza

**arm in arm** — pod rękę

**I have been around** — niejedno w życiu widziałem; z niejednego pieca chleb jadłem

**artful dodger** — spryciarz

**leading article** — artykuł wstępny

**articles of association** — statut spółki

**in the article of death** — w obliczu śmierci

**as for her** — jeśli chodzi o nią; co się jej tyczy

**lay in ashes** — obracać w perzynę

**ask for it (you asked for it!)** — świadomie narażać się na (sam tego chciałeś!)

**be fast asleep** — spać twardym snem

**till the ass ascends the ladder (pot)** — na Świętego Nigdy

**to ass about (pot)** — wygłupiać się

**if an ass goes a-travelling, he'll not come home a horse** (przy) — i w Paryżu nie zrobią z owsa ryżu

**make assurance doubly sure** — zabezpieczyć się podwójnie

**dance attendance upon** — trzymać się czyjejś klamki; nadskakiwać komuś

**letter (power) of attorney (praw)** — pełnomocnictwo

**auld lang syne** (szkockie), **(old long since)** — dawne
   dobre czasy
**if my aunt had been a man, she'd have been my uncle**
   — gdyby ciocia miała wąsy, to by była wujkiem
**like author, like book** — jaki pan taki kram
**on good authority** — (wiadomość) z dobrego źródła
**of no avail** — na próżno; daremnie
**of little avail** — z małym pożytkiem
**avail oneself of** — skorzystać z czegoś
**rude awakening** — głębokie rozczarowanie
**he got away with it** — uszło mu to płazem
**away with you!** — idź precz!
**have an axe to grind (grind one's own axe)** wykorzystać
   coś dla swych zamiarów; upiec własną pieczeń

# B

**babes in the wood** — prości, naiwni ludzie
**hold (carry) the baby** — mieć związane ręce; być
skrępowanym
**baby-snatcher** (pot) — osoba wstępująca w związek
małżeński z o wiele młodszą od siebie osobą
**back to front** — odwrotnie; tył naprzód
**at the back of beyond** — na końcu świata
**back and forth** (am) — tam i z powrotem
**behind one's back** — poza plecami
**to the backbone** — do szpiku kości
**get to the back of s.t.** — dokładnie zrozumieć; dojść
do sedna rzeczy
**stab in the back** — wbić nóż w plecy
**back-room boy** — prawdziwy twórca, wynalazca czegoś,
firmowany przez kogoś innego
**(four years) back** — (cztery lata) temu
**make the best of a bad bargain** — robić dobrą minę
do złej gry
**not half bad** — dobrze
**go bad** — wejść na złą drogę (o żywności — zepsuć się)
**from bad to worse** — coraz gorzej; z deszczu pod rynnę
**too bad** — jaka szkoda; taka szkoda
**a bad workman blames his tools** (przy) — złej tanecznicy zawadza rąbek u spódnicy
**a bad shearer never has a good sickle** (przy) — j.w.
**to need badly** — bardzo, pilnie potrzebować
**a bag of bones** (pot) — skóra i kości
**to let the cat out of the bag** (pot) — wygadać się;
zdradzić tajemnicę
**the cat is out of the bag** (pot) — wyszło szydło z worka

**in the bag** — sprawa załatwiona, przesądzona
**bag of moonshine** — bzdura; głupstwo
**he emptied the bag** (sl) — powiedział, co wiedział
**too much breaks the bag** (pot) — co za dużo to niezdrowo
**bag and baggage** — sakum-pakum; z całymi manatkami
**accept bail** — wypuścić za kaucją
**go bail for s.o.** — ręczyć za kogoś
**balance of power** — równowaga polityczna między państwami
**be in the balance** — być w krytycznym położeniu; wisieć na włosku
**as bald as billard ball** — łysy jak kolano
**the ball is with s.o.** (pot) — kolej na kogoś
**keep the ball rolling** — podtrzymać rozmowę; kontynuować pracę
**secret ballot** — tajne głosowanie
**ballot box** — urna wyborcza
**take a child to Banbury Cross** — huśtać dziecko na nodze
**bank on** — pokładać nadzieję (w kimś, w czymś)
**ask (call, publish) the banns** — ogłosić zapowiedzi
**be admitted to the bar** — zostać adwokatem
**I would not touch it with a barge-pole** (pot) — bardzo się tym brzydzę
**strike (nail) a bargain** — dobić targu; zawrzeć umowę
**into the bargain** — na dodatek (np. do postanowień umowy)
**wet a bargain** — oblać interes
**dead bargain** (pot) — za bezcen; za psie pieniądze
**come between the bark and the tree** (przy) — wtrącać się w cudze sprawy (zwł. rodzinne)
**bark up the wrong tree** — oskarżać niewłaściwą osobę; zwracać się pod złym adresem
**his bark is worse than his bite** — więcej szczeka niż gryzie

**have a bash** (pot) — spróbować; usiłować

**go to the basket** (sl) — iść do kozy, do mamra, do więzienia

**have bats in the belfry** (pot) — mieć kiełbie we łbie (króliki w głowie)

**fight a losing battle** — toczyć beznadziejną walkę, skazaną z góry na przegraną

**last-ditch battle** — walka do upadłego (na śmierć i życie)

**be at bay** — być przypartym do muru (w położeniu bez wyjścia)

**keep at bay** — trzymać z dala

**at the point of the bayonet** — pod bagnetem

**be it ... or** — czy to ... czy to

**beads about the neck and the devil in the heart** (przy) — modli się pod figurą, a diabła ma za skórą

**be on one's beam ends** (pot) — być bez pieniędzy, bez grosza przy duszy; gonić resztkami sił

**full of beans** (pot) — pełen werwy, radości; w doskonałym humorze

**beast of burden (draught)** — zwierzę pociągowe

**beast of prey** — zwierzę drapieżne

**to beat about the bush** — kręcić; kołować; mówic ogródkami

**beat all hollow (beat to a jelly)** (pot) — zbić na kwaśne jablko

**beat s.o. black and blue** — posiniaczyć

**beat time** — wybijać takt

**can you beat it?** — czy możesz sobie wyobrazić coś podobnego?

**it beats me!** — coś podobnego! coś niebywałego!

**it beats everything** (pot) — to przechodzi ludzkie pojęcie, wszelkie granice

**be on the beat** — dozorować; obchodzić rejon (policjant)

**off the beaten track** — z dala od utartych szlaków;
na bocznej drodze
**beauty-sleep** — sen dla celów kosmetycznych
**Beauty and the Beast** (lit) — piękna kobieta i brzydki
mężczyzna
**that's the beauty of it** — na tym polega cały urok
**this gown becomes her** — w tej sukni jej do twarzy
**he becomes it as well as a cow does a cart saddle** —
nadaje się do tego jak wół do karety
**get out of bed on the wrong side** — wstać z łóżka
lewą nogą
**confined to bed** — złożony chorobą
**bed and breakfast** — pokój ze śniadaniem
**a strange bedfellow** — przygodny znajomy
**have a bee in one's bonnet** (pot) — mieć manię, obsesję,
hyzia
**good bedside manner** — umiejętność obchodzenia się
z chorym
**in a bee-line** — najkrótszą drogą; jak sierpem rzucił
**I beg to inform** (kor) — mam zaszczyt zawiadomić
**to begin with** — przede wszystkim; najpierw
**on behalf of s.o.** — w czyimś imieniu
**behave yourself** — bądź grzeczny (do dziecka); za-
chowuj się przyzwoicie
**to be behind with** — spóźnić się z czymś
**behind the times** — przestarzały
**make believe** — udawać; fantazjować; łudzić się
**to the best of my belief** — o ile mi wiadomo
**hard to believe** — nie do uwierzenia
**take a hitch in one's belt** — zacisnąć pasa
**below me (beneath me)** — poniżej mej godności
**the back bench** (parl br) — ława posłów, którzy nie
są członkami rządu
**the front bench** (parl br) — ława ministrów
**a hairpin bend** — ostry zakręt na drodze
**give s.o. the benefit of the doubt** (sąd) — uniewinnić

kogoś z braku dowodów (wątpiąc czy dana osoba
jest niewinna)

**be bent on** — postanowić sobie coś; zawziąć się na coś

**to the top of one's bent** — ile dusza zapragnie

**beside the purpose** — mijający się z celem

**beside the point** — od rzeczy; bez związku z pytaniem

**be beside oneself** — wychodzić z siebie; być pod wpływem afektu

**do (try) one's best** — uczynić wszystko co można

**be at one's best** — być w najlepszej formie

**make the best of both worlds** — palić Panu Bogu
świeczkę i diabłu ogarek.

**best part** — większa część

**best man** — drużba

**for the best** — w najlepszej intencji

**for better for worse** — (słowa przysięgi przy ślubie)
na dobre i złe, na dolę i niedolę

**better and better** — coraz lepiej

**better a bare foot than none** (przy) — lepszy rydz
niż nic

**be better off** — być w lepszym położeniu, bogatym

**between you and me and the lamp-post (bed post,
gate post)** — w sekrecie; w tajemnicy

**betwixt and between** — ni to ni owo, coś pośredniego

**it is beyond me** — to przechodzi moje pojęcie

**make a bid for s.t.** — 1) zaproponować cenę na licytacji,
2) starać się coś osiągnąć

**the highest bidder** — osoba, proponująca najwyższą
cenę na licytacji

**bid farewell** — pożegnać

**bid welcome** — przywitać

**pass the bill** — uchwalić ustawę

**the bill of fare** — menu, spis potraw

**foot (meet) the bill** — zapłacić rachunek; pokryć koszty

**bill and coo** (pot) — czule gruchać

**a bird in the bush** — złudna nadzieja, obietnica

**a little bird told me** (żart) — wiem, ale nie powiem, kto mi to powiedział

**birds of a feather** — podobni do siebie; jeden wart drugiego

**birds of a feather flock together** (przy) — swój do swego

**a bird in the hand is worth two in the bush** (przy) — lepszy wróbel w ręku, niż cietrzew na sęku (wróbel w garści, niż gołąb na dachu)

**watch the birdie!** — (do dzieci gdy się je fotografuje) patrz, zaraz ptaszek wyfrunie!

**give birth** — urodzić

**in one's birthday suit** (pot) — nago, jak matka rodziła, jak Pan Bóg stworzył

**not a bit** — ani trochę; bynajmniej; w żadnym wypadku

**wait a bit** — zaczekaj chwilkę

**every bit as** (pot) — kubek w kubek jak

**every bit of it** — wszystko

**without bite and sup** — na czczo

**have a bite** (pot) — przegryź coś sobie

**bite off more than one can chew** — przeceniać swe możliwości

**bitter cup** — kielich goryczy

**Black Maria** (pot) — karetka policyjna, więzienna

**in black and white** — czarne na białym

**black coat brigade** — pracownicy biurowi

**shift the blame onto s.o.** — zrzucić winę na kogoś

**the blame rests with you** — to twoja wina

**take the blame** — przyjąć winę na siebie

**bleed white** — wykrwawić się; wyssać kogoś do ostatniej kropli krwi

**bless me! bless my heart! bless my heart and soul!** (pot) — Boże Święty! Boże, zmiłuj się!

**bless her!** — bidulka kochana!

**bless you!** — niech ci Pan Bóg wynagrodzi; stokrotne dzięki; na zdrowie!

**a blessing in disguise** — nieszczęście błogosławione w skutkach; nie ma tego złego co by na dobre nie wyszło

**Blimp (colonel Blimp),** (lit) — zajadły konserwatysta: żubr; reakcjonista; zajadły wróg postępu

**strike me blind!** (pot) — niech trupem padnę! niech skonam!

**blind alley** — ślepa ulica; zajęcie bez dalszej perspektywy

**in the kingdom of the blind the one-eyed man is king** (przy) — na bezrybiu i rak ryba

**the blind leading the blind** — wiódł ślepy kulawego

**blindman's buff** — ciuciubabka

**chip of the old block — nieodrodne dziecko**

**cut blocks with a razor** — 1) psuć cenny instrument; 2) stosować półśrodki

**in cold blood** — świadomie, rozmyślne, z premedytacją

**my blood runs cold** — krew mi się ścina w żyłach

**his blood is up** — krew się w nim burzy

**blood is thicker than water** — więzy pokrewieństwa są silniejsze niż inne

**blow one's brains** — zastrzelić się

**blow one's horn** (sl) — przechwalać się

**they came to blows** — między nimi doszło do rękoczynów, do bójki

**blow hot and cold** — wahać się; nie wiedzieć czego się chce

**at one blow** — za jednym zamachem

**true blue** — człowiek o stałych niezachwianych zasadach (wierze) (zwł. konserwatysta)

**out of the blue (a bolt from the blue)** — jak grom z jasnego nieba; niespodziewanie

**once in a blue moon** — bardzo rzadko; od wielkiego święta (dzwonu)

**be in the blues** — być przygnębionym

**blush to the roots of one's hair** — zaczerwienić się po uszy

**bob's your uncle** (pot) — wszystko w najlepszym porządku; fajno; klawo

**in the same boat** — w tym samym (trudnym) położeniu

**catch the boat** — zdążyć na statek (w ogóle zdążyć)

**miss the boat** — 1) spóźnić się na statek, 2) przegapić okazję, 3) być pominiętym przy awansie

**rock the boat** — psuć czyjeś plany, szyki

**body and soul** — całkowicie (np. oddany komuś); z wielką chęcią

**keep body and soul together** — wyjść cało; utrzymać się przy życiu; wegetować; wiązać koniec z końcem

**keep the pot boiling** — 1) mieć z czego żyć; 2) utrzymywać coś w ruchu

**bone of contention** — kość niezgody

**make no bones** — nie owijać w bawełnę; nie krępować się

**have a bone to pick with s.o.** — mieć z kimś na pieńku

**chilled to the bone** — zmarznięty do szpiku kości

**bring to book** — żądać od kogoś wyjaśnień; pociągnąć do odpowiedzialności

**book-worm** — mól książkowy

**dip into a book** — powierzchownie przejrzeć, przeczytać książkę

**kiss the Book** — złożyć przysięgę na Biblię

**it suits one's book** — to odpowiada czyimś planom

**boomps-a-daisy!** (pot) — (do dziecka, które upadło lub uderzyło się)

**be in s.o.'s boots** — być na czyimś miejscu; być w czyimś położeniu

**the boot is on the other leg** — prawda wygląda wprost przeciwnie

**across the border** — przez granicę Szkocji i Anglii

**born with a wooden ladle in one's mouth** — pochodzi z biednej rodziny

**born with a silver spoon in one's mouth** — pochodzi z bogatej rodziny, urodzony w czepku

**born in the gutter** — urodził się w nędzy

**have it both ways** — wykorzystać wszystkie okoliczności

**oh, bother!** (pot) — a niech to licho!

**bottleneck** (t) — zatkanie, zahamowanie (ruchu, produkcji)

**scrape the bottom of the barrel** — wyskrobać resztki; zużyć ostatnie zapasy

**bottoms up!** (pot) — pijmy do dna!

**out of bounds** — wstęp wzbroniony

**within the bounds of possibility** — w granicach możliwości

**have two strings to one's bow** — mieć coś w rezerwie; mieć otwartą furtkę

**move one's bowels** — wypróżnić się

**bowing acquaintance** — znajomość ograniczająca się do ukłonów

**the old boy (pot)** — ojciec; szef; przełożony

**principal boy** — aktorka, grająca główną rolę męską w pantomimie

**whipping-boy** (hist — kozioł ofiarny (chłopiec wychowany z księciem i karany cieleśnie za przewinienia księcia)

**splice the main brace** (pot) — wypić sobie; (formułka rozkazu do marynarki, by wydać dodatkową porcję rumu z okazji uroczystości)

**brain-wave** — wspaniały pomysł; genialna myśl; nagłe natchnienie

**use one's brains** — pójść do głowy po rozum

**have s.t. on the brain** — mieć bzika na punkcie czegoś

**rack (cudgel) one's brains** — łamać sobie głowę

**brand-new** — nowiutki, prosto spod igły
**the braying of an ass does not reach heaven** (przy) —
psie głosy nie idą w niebiosy
**breach of the peace (Queen's peace)** — naruszenie porządku publicznego
**breach of promise** — zerwanie umowy (zwł. zaręczyn)
**breach of privilege (parl. br.)** — naruszenie praw
Parlamentu
**dry bread** — chleb bez masła; sam chleb
**take the bread out of s.o. mouth** — odebrać komuś
chleb
**butter one's bread on both sides** — dobrze wykorzystać dla siebie okazję (okoliczność)
**eat the bread of idleness** — być darmozjadem
**bread-winner** — żywiciel rodziny
**half a loaf is better than no bread** (przy) — na bezrybiu i rak ryba; lepszy rydz niż nic
**know on which side one's bread is buttered** — dobrze
pilnować swoich interesów
**break the back of a job** — pokonać największą
trudność
**make a clean breast** — wyznać wszystko
**under one's breath** — szeptem
**in the same breath** — równocześnie (zwł. dwie sprzeczne wiadomości)
**he is short of breath** — brak mu tchu; cierpi na
zadyszkę
**not to breathe a syllable (word)** — nie puścić pary z
ust; nie pisnąć ani słowa
**drink as you have brewed** — wypij piwo, któregoś
sobie nawarzył
**drop a brick** — zrobić gaffę; popełnić nietakt
**drive (bring) home to s.o.** — dać komuś do zrozumienia; wbić w głowę
**bring pressure (influence) to bear** — użyć wpływu;
wywrzeć nacisk; stosować przymus

**it's as broad as it's long** — na jedno wyjdzie

**half-brother** — przyrodni brat

**astonish the Browns** — gorszyć mieszczuchów (fr. épater le bourgeois)

**check (crush, nip) in the bud** — zniszczyć w zalążku (zarodku)

**put a bug in s.o.'s ears** — wiercić dziurę w brzuchu

**Rome was not built in a day** — nie od razu Kraków zbudowano

**John Bull** — typowy Anglik; Anglia w karykaturze politycznej

**bull's eye** — środek tarczy celowniczej

**milk the bull** — zajmować się sprawą z góry skazaną na niepowodzenie

**every bullet has its billet** (przy) — człowiek strzela, Pan Bóg kule nosi

**burn one's boats** — spalić za sobą mosty

**burst (split) one's sides with laughing** — pękać ze śmiechu

**none of your business** — nie twój interes

**mind your own business** — nie wtrącaj się do nie-swoich spraw

**business as usual** — sklep otwarty (mimo remontu itp.)

**mean business** — brać coś na serio

**line of business** — rodzaj zajęcia; branża, zawód

**get down to business** — zabrać się do pracy

**busy as a bee (busy bee)** — pracowity; bardzo zajęty

**but for** — z wyjątkiem; gdyby nie ... to ...

**but me no buts** — tylko bez żadnych „ale"

**the butcher, the baker, the candlestick maker** (żart) — ludzie wszystkich zawodów

**break a butterfly on a wheel** (pot) — strzelać z armat do wróbli

**buy a pig in a poke** — kupować kota w worku

**buy sight unseen** — kupować coś na niewidzianego

**look as if butter would not melt in one's mouth** — udawać niewiniątko, naiwnego

**buy s.t. for a song** (pot) — kupić za bezcen

**by and by** — jedno za drugim; bez przerwy; stopniowo; zaraz

**by and large** — w zasadzie; na ogół

**by the by** (by the way) — à propos

**by all means** — ależ oczywiście; proszę bardzo; koniecznie

**bye-bye** (skr. God be with you, czyli Good bye), (pot) — pa! dowidzenia!

**let bygones be bygones** — puśćmy to w niepamięć (dawne urazy itp.); co było a nie jest, nie pisze się w rejestr

# C

**shadow cabinet** (parl. br.) — odpowiednik gabinetu ministrów (stworzony przez opozycję)

**go like hot cakes** — rozchodzić się w mig (o sprzedaży); być pokupnym, chodliwym

**a piece of cake** (pot) — paluszki lizać

**eat the calf in the cow's belly** (arch) — łapać ryby przed niewodem; być w gorącej wodzie kąpanym

**as wanton as a calf with two dams** (przy) — pokorne cielę dwie matki ssie

**call into being** — powołać do życia

**call a spade a spade** — nazywać rzecz po imieniu

**call to account** — pociągnąć do odpowiedzialności

**call the roll** — odczytać listę

**in camera** (praw) — przy drzwiach zamkniętych

**burn the candle at both ends** — trwonić siły; ciężko pracować

**hold a candle to the sun** — zajmować się sprawą niepotrzebną; lać wodę do studni

**hold a candle to the devil** (arch) — pomagać komuś w czynieniu zła

**put on the black cap** (praw ob) — wydać wyrok śmierci (sędzia wkłada czarny kaptur)

**cap in hand** — pokornie

**if the cap fits, wear it** — na złodzieju czapka gore

**to cap it all** — na dobitek wszystkiego

**that caps everything** — to szczyt wszystkiego

**in the capacity of ...** — w charakterze ...

**not to care a bean** (bit, hoot, etc.) — nie dbać o coś; gwizdać na coś

# CARE

**I do not care (a tinker's cuss), (pot)** — nie zależy mi; wszystko mi jedno

**I do not care for (meat)** — nie lubię; nie chcę (mięsa)

**for all I care** — nic mnie to nie obchodzi

**care of ... (Mrs. Smith):** c/o (kor) — u ... (pani Smith)

**care killed the cat** — nie przejmuj się; nic sobie nie rób z tego

**I could not care less (pot)** — nic mnie to nie obchodzi

**one cannot be too careful** — na ostrożności nikt nie traci

**be on the carpet** — otrzymać naganę; być krytykowanym

**pull the carpet from under s.o.** — usunąć komuś grunt pod nogami

**carry me out!** — trzymajcie mnie, bo pęknę ze śmiechu!

**carry the day** — odnieść zwycięstwo

**put the cart before the horse** — robić na opak, odwrotnie

**it is not the case** — nie o to chodzi; nic podobnego

**such being the case** — w tym wypadku; jeśli sprawa tak się przedstawia

**be in cash (pot)** — być przy gotówce

**be short of cash** — mieć mało pieniędzy

**hard cash** — gotówka w kasie

**cash down** — zaliczka (przy kupnie)

**hard cash** — gotówka; bilon

**cash on delivery (C.O.D.)** — za zaliczeniem pocztowym

**the cask savours of the first fill (przy)** — czym skorupka za młodu nasiąknie, tym na starość trąci

**stake one's all upon a single cast** — stawiać wszystko na jedną kartę

**cast not a clout till May be out (przy)** — do Świętego Ducha nie zrzucaj kożucha

**castles in the air** — zamki na lodzie

**it's raining cats and dogs (pot)** — leje jak z cebra

**when the cat's away the mice will play (przy)** — myszy tańcują, gdy kota nie czują

**let the cat out of the bag (pot)** — zdradzić tajemnicę; wygadać się

**it would make a cat laugh** — koń by się z tego uśmiał

**cat has nine lives** — kot jest żywotny; kot długo żyje; kot zawsze spada na cztery łapki

**cat-o'-nine-tails** — bicz składający się z 9-ciu rzemieni, którym wymierzano karę chłosty w marynarce i w wojsku

**see which way the cat jumps** — czekać na bieg wypadków (wydarzeń); patrzeć skąd wiatr wieje

**not enough room to swing a cat** — nie ma gdzie się obrócić; jest bardzo ciasno

**like a cat on hot bricks** (pot) — niespokojny; jak na węglach

**shoot the cat** (pot) — jechać do Rygi; wymiotować

**cat's paw** — posłuszne narzędzie w czyimś ręku

**lead a cat-and-dog life** — żyć jak pies z kotem

**a drowning man catches at a straw** (przy) — tonący brzytwy się chwyta

**not much of a catch** — niepotrzebna rzecz; mały z tego zysk

**catch s.o. red-handed (in the very act)** — złapać kogoś na gorącym uczynku

**I shall catch you some day carrying corn to our mill** (przy) — przyjdzie koza do woza

**I did not catch** — nie dosłyszałem; nie zrozumiałem

**catch me doing that!** — ani mi się śni!

**you don't catch me!** — nie ma głupich! nie nabierzesz mnie!

**catch s.o. with his pants down** (pot) — zaskoczyć kogoś

**be cater-cousin with s.o.** (arch) — być za pan-brat z kimś

**fling caution to the winds** — zaniechać wszelkiej ostrożności

**he is certain to come** — on na pewno przyjdzie

**this is to certify** (praw) — niniejszym zaświadcza się

**wave s.o. to a chair** — wskazać komuś krzesło

**be in the chair** — przewodniczyć (na zebraniu)

**give me a chance** — pozwól, dajże mi możność (pokazania co umiem)

**stand a good chance** — mieć widoki

**by any chance** — czy przypadkiem

**no earthly chance (not an earthly chance)** — nie ma żadnej szansy

**take no chances** — nie ryzykować

**Chancellor of the Exchequer** (br) — minister skarbu

**change of heart** — zmiana planów, nastroju

**for a change** — dla odmiany; dla rozmaitości

**give chapter and verse** — podać dokładne źródło wiadomości

**bad character** — ciemny typ

**blacken s.o.'s character** — przypiąć łatkę komuś; oczerniać

**be in charge** — być odpowiedzialnym za, kierować, zarządzać czymś

**public charge** — osoba na utrzymaniu publicznym, podopieczna

**free of charge** — bezpłatny

**charity begins at home** (przy) — bliższa ciału koszula; najbliżsi na pierwszym miejscu

**who chatters to you, will chatter of you** — ten kto tobie plotki opowiada, będzie i o tobie plotkował

**as cheap as dirt (dirt cheap)** — tani jak barszcz

**cheek by jowl** — przytulony; poufny; za pan brat

**what cheek!** (pot) — co za bezczelność!

**cheer up!** — głowa do góry!

**give three cheers** — krzyknąć: hip, hip, hurra!

**get a thing off one's chest** — ulżyć sobie; szczerze przyznać się do czegoś

**chicken-feed** — tyle co kot napłakał

**count one's chickens before they are hatched** (przy) — dzielić skórę na niezabitym niedźwiedziu (jeszcze skóra na baranie, a już kuśnierz pije za nią)

**in chief (editor in chief, commander-in-chief)** — główny; naczelny

**problem child** — trudne dziecko

**child prodigy** — cudowne dziecko (genialne dziecko)

**the child is father to the man** (przy) — charakter urabia się w dzieciństwie

**be delivered of a child** — powić dziecko

**keep your chin up** — nie trać odwagi; nie upadaj na duchu

**bull in a china shop** — słoń w składzie z porcelaną

**have a chip on one's shoulder** (pot) — mieć pretensje do całego świata

**chip of the old block** (pot) — nieodrodny syn

**dry as a chip** — nudny jak lukrecja; jak flaki z olejem

**pick and choose** — przebierać; być wybrednym

**there's nothing to choose between** — nie ma żadnej różnicy między ...

**Father Christmas** — Święty Mikołaj

**Christmas eve** — wigilia

**Christmas carol** — kolęda

**Christmas tree** — choinka

**Christmas box** — datki, prezenty na Boże Narodzenie dla służby, sprzedawców w sklepie, itp.

**Christmastide** — okres Bożego Narodzenia

**off his chump** (pot) — zwariowany

**in the right church but in the wrong pew** (przy) — słyszy dzwon, ale nie wie gdzie on

**Established Church** — kościół uznany przez państwo, panujący (anglikański)

**square the circle** — rozwiązać kwadraturę koła

**be going in circles** — kręcić się w kółko

**in reduced (narrow) circumstances** — w złym położeniu materialnym

**without circumstance** — bez ceremonii, ceregieli

**as clean as a whistle** — prosto; bardzo zgrabnie

**clear as noonday** — jasne jak słońce

**four clear (weeks)** — cztery pełne (tygodnie)
**clear conscience** — czyste sumienie
**in a cleft stick** (pot) — w położeniu bez wyjścia
**too clever by half** (pot) — przemądrzały; za chytry
**be on the climb** — robić karierę
**cloak and dagger** — otoczony tajemnicą; tajny
**grandfather's clock** — zegar szafkowy
**clockwise** — w kierunku wskazówek zegara
**anti-clockwise** — w kierunku przeciwnym wskazówkom
   zegara
**put (set, turn) back the clock** — przeszkadzać; hamować
   (postęp)
**round the clock** — przez całą dobę
**closet** (t) — pokoik; gabinet; schówek
**clothes off the peg** — ubranie gotowe (nie szyte na
   miarę)
**every cloud has a silver lining** — nie ma tego złego,
   co by na dobre nie wyszło
**fallen from the clouds** — spadł z księżyca
**in clover** (pot) — w luksusie; w dostatku; jak pączek
   w maśle
**go from clover to rye-grass** — zamienił stryjek siekierkę
   na kijek (zwłaszcza o drugim małżeństwie)
**a coach and six** — powóz zaprzężony w szóstkę koni
**drive a coach and four through s.t.** — rozprawić się z
   czymś; obalić twierdzenie
**carry coals to Newcastle** (przy) — lać (wozić) wodę do
   studni; niepotrzebnie się trudzić
**haul s.o. over the coals** — zwymyślać (zbesztać) kogoś
**the coast is clear** — nie ma przeszkód
**you must cut your coat according to your cloth** (przy) —
   krawiec kraje, jak mu materii staje
**turn one's coat** — zmienić przekonania; przejść na stronę
   przeciwnika
**coat of arms (armour)** — herb

**cobbler's wife is the worst shod** (przy) — szewc bez butów chodzi

**that cock won't fight** (pot) — to się nie uda

**cock-a-doodle-doo!** — kukuryku!

**ride a crockhorse** — huśtać dziecko na kolanie

**cock of the school** — prowodyr

**coinage of the brain** — fantazja; wytwór wyobraźni

**give the cold shoulder** — przyjąć kogoś oziębłe, lekceważąco

**have cold feet** (przen) — mieć stracha (pietra)

**in cold blood** — z rozmyslem; z zimną krwią

**that leaves me cold** — to mnie nie wzrusza; to mnie ani grzeje ani ziębi

**catch a cold** — przeziębić się

**cold comfort** — słaba pociecha

**be left out in the cold** — zostać na lodzie

**paint s.t. in dark colours** — przedstawić coś w ciemnym świetle

**show one's colours** (pot) — puścić farbę

**nail one's colours to the mast** — dzierżyć wysoko sztandar

**change colour** — mienić się na twarzy

**colour-bar** — bojkot rasowy

**come like a dog at a whistle** — zjawić się na pierwsze wezwanie

**come and see me** — zajdź do mnie; wpadnij do mnie

**come to terms** — ułożyć się; zawrzeć umowę; pogodzić się

**come what may** — cokolwiek się stanie; niech będzie, co ma być

**come to close quarters** — walczyć wręcz

**come down like a ton of bricks** (pot) — gwałtownie oskarżać; strofować; besztać

**come down to brass tacks** (pot) — przejść od spraw ogólnych do szczegółowych rozwiązań

**come, come!** — dosyć tego!

**come off the grass (off it),** (pot) — nie przesadzaj; nie kłam

**I am quite comfortable** (pot) — proszę nie zajmować się mną; proszę sobie mną nie robić kłopotu; niczego mi nie brakuje

**common sense** — zdrowy rozsądek; chłopski rozum

**community at large** — ogół społeczeństwa; szerokie warstwy

**keep s.o. company** — dotrzymywać towarzystwa

**part company** — zerwać znajomość, stosunki

**compare favourably** — nie ustępować komuś, (porównanie na korzyść)

**beyond (past) compare** — nieporównalny; niezrównany

**compare poorly** — ustępować komuś (czemuś)

**bear comparison with** — nie ustępować (przy porównaniu)

**compass** (t) — cyrkiel

**cut-throat competition** — ostra konkurencja

**fish for compliments** — mówić o sobie z przesadną skromnością, oczekując na pochwałę, komplementy

**a left-handed compliment** — nieszczera pochwała, która może być zrozumiana jako nagana

**compliments of the season** — życzenia okolicznościowe (świąteczne)

**complimentary ticket** — bilet bezpłatny

**it is no concern of mine (none of my concern)** — to nie moja sprawa

**going concern** — interes w ruchu; przedsiębiorstwo na chodzie

**as far as I am concerned** — jeśli o mnie chodzi

**foregone conclusion** — decyzja (sprawa) przesądzona

**jump (leap) to the conclusion (to conclusions)** — wyciągać pochopne wnioski

**confidence trickster** — oszust

**misplace one's confidence** — zaufać niezasługującemu na zaufanie

**take s.o. into one's confidence** — zwierzyć się komuś

**confound him!** (pot) — niech go diabli wezmą!

**he is no conjurer** (arch) — on prochu nie wymyśli

**with a safe conscience** — z czystym sumieniem

**the pricks (qualms) of conscience** — wyrzuty sumienia

**of consequence** — poważny; doniosły

**of no consequence** — bez znaczenia

**conservative estimate** — bardzo ostrożne przewidywanie, ocena

**in consideration of** — biorąc pod uwagę; odwdzięczając się za

**for a consideration** — za wynagrodzeniem

**constitutional (walk)** (t) — spacer dla zdrowia

**to one's heart's content** — dowoli, ile dusza zapragnie

**quite the contrary** — wprost przeciwnie

**evidence to the contrary** — przeciwny dowód

**contribute to (a newspaper)** — pisać do (dziennika)

**birth control** — świadome macierzyństwo

**at your convenience** — kiedy będziesz mógł; kiedy tobie będzie wygodnie

**at your earliest convenience** (kor) — możliwie jak najprędzej

**convenience (public convenience)** (t) — ustęp toaleta (publiczna)

**cook accounts** (pot) — fałszować zestawienia finansowe, bilanse

**what's cooking?** (pot) — co się dzieje? o co chodzi?

**as cool as a cucumber** (pot) — opanowany; spokojny

**too many cooks spoil the broth** (przy) — gdzie kucharek sześć, tam nie ma co jeść

**copper** (sl) — policjant (glina)

**complimentary copy** — egzemplarz okazowy, bezpłatny

**copy-cat** (pot) — naśladowca; małpa

**drive s.o. into a corner** — przyprzeć do muru; zapędzić w kozi róg

**walking corpse** — żywy trup

**Corpus Christi** — Boże Ciało

**he was put out of countenance** — zrzedła mu mina

**on all counts** — pod każdym względem

**count down** — liczyć w tył (6, 5, 4 itd.)

**my country, right or wrong** (br) — słusznie czy nie, ojczyzna ponad wszystko

**in due course** (kor) — we właściwym czasie

**of course** — naturalnie; oczywiście

**refresher course** — studia dla odświeżenia wiadomości

**settle out of court** — załatwić sprawę polubownie

**make (pay) court to s.o.** — zalecać się; umizgać się

**court martial** — sąd wojenny

**court of inquiry** — komisja śledcza; trybunał

**send to Coventry** (hist) — wykluczyć z towarzystwa; bojkotować, lekceważyć

**from cover to cover** — od deski do deski (książka)

**to a crazy ship all winds are contrary** — złej tanecznicy zawadza rąbek u spódnicy

**do s.o. credit** — zaszczycić kogoś

**give s.o. credit** — dawać komuś należne; przyznawać komuś zasługę

**take credit for s.t.** — przypisywać sobie zasługę

**turn the corner** (pot) — wyjść z trudnego położenia: wylizać się z choroby

**it is not cricket** — to nieuczciwe

**play cricket** — stosować się do przepisów, postępować honorowo

**it cries to heaven** — to woła o pomstę do nieba

**a crooked sixpence** (pot) — talizman

**cross or pile** — orzeł czy reszka

**cross my heart** (pot) — słowo honoru

**as cross as two sticks** — zły jak osa

**be at cross purposes with s.o.** — mieć z kimś nieporozumienie

**as the crow flies** — w linii prostej (powietrznej); lotem ptaka

**crow will not pick out crow's eyes** (przy) — kruk krukowi oka nie wykole

**have a crow to pluck with s.o.** (pot) — mieć z kimś
na pieńku

**crow's feet** (pot) — zmarszczki; kurze łapki (dokoła
oczu)

**it would pass in a crowd** (pot) — w tłoku ujdzie

**to crown all** — na domiar złego

**cry over spilt milk** — co się stało, to się nie odstanie

**cry out one's heart** — zalewać się gorzkimi łzami

**much cry and little wool** (pot) — dużo hałasu o nic

**have a good cry!** (pot) — wypłacz się porządnie! ulżyj
sobie!

**cry cupboard** (pot) — być bardzo głodnym

**my belly begins to cry cupboard** (pot) — kiszki mi
marsza grają

**there's many a slip 'twixt the cup and the lip** (przy) —
wiele może się zdarzyć między ustami a brzegiem
pucharu

**one's cup of tea** (pot) — coś, co komuś odpowiada;
jest w jego guście

**be on tiptoe with curiosity** — umierać z ciekawości

**curiosity killed the cat** (przy) — ciekawość jest pierwszym stopniem do piekła

**curriculum** (t) — program studiów

**curse with bell, book and candle** — przeklinać na czym
świat stoi

**cut one's teeth** — ząbkować

**cut it!** (pot) — przestań! uspokój się! dość tego!

**cut short s.o.** — przerwać komuś (gdy mówi); przestać
mówić

**short cut** — skrót (krótsza droga)

**cut and dried** — gotowy; tuzinkowy; oklepany; z góry
ułożony plan

**cut-and-come-again** — obfitość, bogactwo czegoś

**cut a figure** — robić wrażenie; zwracać na siebie uwagę

**cut s.o. off with a shilling** — wydziedziczyć kogoś (zapisując w testamencie symboliczny szyling)

**cut the cackle and come to the horses** (pot) — przerwać ogólne rozważania i przejść do sedna sprawy

**that cuts no ice** (pot) — to nieważne; to nie robi różnicy

# D

**look daggers** (pot) — przeszyć kogoś wzrokiem
**to be at daggers drawn** (pot) — być z kimś na noże
**that's water over the dam** (pot) — co się stało nie
   odstanie
**damn it (damn it all)!** — psiakrew! do licha!
**I'll be damned if** — prędzej skonam niż
**a damp squib** — poroniony żart, niewypał
**dare-devil** — śmiałek, ryzykant
**I dare say** — według mnie; możliwe; nie przeczę
**I dare you to do it!** — spróbuj tylko to zrobić!
**Darby and Joan** (lit) — stare kochające się małżeństwo
**keep s.t. dark** — zachować w tajemnicy
**keep s.o. in the dark** — ukrywać przed kimś
**darken s.o.'s door** — zjawić się jako nieproszony gość
**I shall not darken your door (doorway)** — noga moja tu
   więcej nie postanie
**the darkest place is under the candlestick** — osoba zain-
   teresowana w czymś nic o tym nie wie
**fortune's darling** — ulubieniec losu; szczęśliwiec;
   szczęściarz
**cut a dash** — dzielnie się spisać
**have a dash at** (pot) — spróbować (coś zrobić)
**joy dashed with sorrow** — radość zmieszana ze smutkiem
**out of date** — przestarzały; niemodny
**up to date** — nowoczesny; idący z prądem czasu; modny;
   znawca; ekspert
**date** (pot t) — randka
**Davy Jones' locker** — morze (grób marynarza)
**dawn upon s.o.** — przyjść na myśl; zaświtać w głowie
**one fine day** — pewnego pięknego dnia

**topic of the day** — wydarzenie dnia
**black-letter day** — dzień powszedni
**red-letter day** — święto; pamiętny dzień
**call it a day** (pot) — uważać dzień roboczy za skończony; być zadowolonym z wyników
**business of the day** — porządek dzienny
**win the day** — odnieść zwycięstwo
**day in, day out** — dzień w dzień
**as the day is long (all day long)** — cały dzień
**day off** — wolny dzień; wychodne (dla służby)
**day out** — dzień spędzony poza domem
**days of grace** — dni ulgowe (przy płaceniu)
**one of these days** — wkrótce; niebawem
**in his day** — w czasach jego młodości
**this day week** — za tydzień
**as clear as day** — jasne jak słońce
**every dog has his day** — fortuna kołem się toczy
**the other day** — parę dni temu
**name the day** — wyznaczyć datę ślubu
**salad days** — młodość; brak doświadczenia
**in broad daylight** — w biały dzień
**more dead than alive** — prawie umierający
**dead broke** (pot) — bez grosza przy duszy
**over my dead body** — po moim trupie
**dead-end** — ślepa ulica; położenie bez wyjścia
**as dead as a door-nail** — martwy jak kłoda
**dead as mutton, dead as a dodo** — j.w.
**a dead letter** — 1) prawo, którego się nie stosuje, 2) list nie doręczony przez pocztę
**dead man's shoes** — nadzieja na spadek
**dead drunk** — pijany jak bela; zalany w trupa, w pestkę
**dead men men tell no tales** — umarli milczą
**break the deadlock** — ruszyć z martwego punktu
**deaf as an adder (stone-deaf, deaf as a door-nail, a door-post)** — głuchy jak pień
**deaf-and-dumb** — głuchoniemy

**turn a deaf ear to** — być głuchym na coś
**a good (great) deal** — dużo; sporo; znacznie
**it's a deal!** — zgoda! załatwione! interes ubity!
**square deal** (pot) — uczciwe postępowanie; uczciwy
     interes
**think a great deal of s.o.** - mieć dobre wyobrażenie
     o kimś; cenić kogoś
**shady dealings** — geszefty; oszustwa
**dear me! (oh, dear)!** (pot) — mój Boże! (okrzyk współ-
     czucia, zdziwienia, zniecierpliwienia)
**dear at any price** — nic nie wart
**to the death** — do ostatniej kropli krwi
**bad debt** — dług do spisania na straty
**over head and ears in debt** — w długach po uszy
**to run into debt** — wpaść w długi
**December and May** (pot) — stary mąż i młoda żona
**decree nisi** — warunkowy wyrok w sprawie rozwo-
     dowej
**decree absolute** — ostateczny wyrok w sprawie roz-
     wodowej
**in very deed** — w rzeczywistości; w samej rzeczy
**deed-poll** (praw) — akt jednostronny
**in deep waters** — pogrążony w głębokim smutku
**last-ditch defence** — obrona do ostatniej kropli krwi;
     walka do upadłego
**with all due deference** — z należnym szacunkiem
**in defiance of** — nie licząc się z; wbrew czemuś
**to the last degree** — w najwyższym stopniu
**delirious with delight** — oszalały z radości
**I am delighted (to see you)** — jak mi miło (pana spotkać)
**deny flatly** — kategorycznie zaprzeczyć
**new departure** — nowy punkt wyjścia
**you may depend on it** (pot) — na pewno tak; może pan
     być pewien, że będzie załatwione
**be out of one's depth** — tracić grunt pod nogami; nie
     umieć sobie poradzić; nie rozumieć czegoś

**deputy** (t) — zastępca (wice ...)

**dereliction of duty** — zaniedbanie obowiązków

**it baffles all description** — nie do opisania

**to beggar description** — j.w.

**to one's heart's desire** — ile dusza zapragnie

**go into details** — zająć się szczegółami; szczegółowo rozpatrzyć

**the deuce!** (pot) — do diaska! do licha!

**deuce take it!** (pot) — a niech to diabli wezmą!

**between the devil and the deep (blue) sea** — w położeniu bez wyjścia

**how (what, when, where, who) the devil?** (pot) — co do diabła? itd.

**devil-may-care** — lekkomyślny; niedbały

**he who sups with the devil must have a long spoon** (przy) — kto chce jeść kolację z diabłem, musi mieć długą łyżkę

**rough diamond** — wartościowy, lecz nieobyty człowiek

**diamond cut diamond** (pot) — trafiła kosa na kamień

**play the dickens (deuce, devil) with s.t.** (pot) — zepsuć; przewrócić do góry nogami

**swallow the dictionary** — używać długich wyrazów

**dictionary English** — przesadnie poprawna, wyszukana angielszczyzna

**die in harness** — umrzeć nagle, na posterunku, przy pracy

**die in the last ditch** — zginąć, broniąc się do upadłego

**to die hard** — drogo sprzedać swe życie

**never say die** — nie trzeba rozpaczać, upadać na duchu

**die in one's shoes** (boots) — zginąć śmiercią gwałtowną

**a man can die but once** — raz tylko się umiera; raz kozie śmierć

**die in one's bed** — umrzeć śmiercią naturalną

**the secret died with him** — zabrał ze sobą tajemnicę do grobu

**die by inches** — umierać powolną śmiercią

**I am dying for (to)** — marzę o; strasznie mi się chce...

**I beg to differ** — pozwolę sobie nie zgodzić się (być odmiennego zdania)

**agree to differ** — uznać niemożliwość pogodzenia swych poglądów

**as different as chalk from cheese** — podobny jak pięść do nosa

**it makes no difference** — nie ma różnicy; znaczenia; to wszystko jedno

**tell the difference** — widzieć różnicę; rozróżniać

**split the difference** — pogodzić się (krakowskim targiem)

**dig a pit for** — kopać pod kimś dołki

**dig in the ribs** — szturchać w żebra; dać kuksańca

**keep one's finger in the dike** — usilnie starać się zażegnać niebezpieczeństwo

**on the horns of a dilemma** — wobec dwóch nieprzyjemnych alternatyw

**dime novel** (am) — tania sensacyjna książka

**a dime a dozen** (pot) (am) — tanie jak barszcz

**kick up a din (pot)** — narobić dużego hałasu

**dine in** — jeść obiad w domu

**dine out** — jeść obiad na mieście

**dine and wine** — ucztować

**dine with Duke Humphrey** (pot) — zostać bez obiadu

**after dinner mustard** — musztarda po obiedzie

**eat dirt** (pot) — przełknąć obelgę, zniewagę

**treat s.o. like dirt** (pot) — traktować kogoś lekceważąco, jak psa

**what is the dirt? (sl)** — co słychać; jakie ploteczki, skandale?

**apple of discord** — kość niezgody

**at discretion** — dowoli

**at s.o.'s discretion** — zależnie od czyjegoś uznania

**fall into disrepute** — mieć złą opinię; skompromitować się

**render s.o. a disservice** — oddać komuś niedźwiedzią przysługę

**on the distaff side** — po kądzieli

**I did (France)** — zwiedziłem (Francję)

**do one's best** — uczynić wszystko co można

**do time** — odsiedzieć w więzieniu

**do-it-yourself** — majsterkowanie

**it is not done** — to nie wypada; to nie jest przyjęte

**well done!** — brawo! zuch! świetnie! także iron.: dobrze mu tak!

**done for** — wykończony; złamany; pokonany

**what can I do for you?** — czym mogę służyć?

**that will do** — to już wystarczy; dosyć

**that won't do** — to źle wyszło; niedobrze zrobione; nie uchodzi

**use s.o. like a dog** — traktować kogoś jak psa

**dog does not eat dog** — kruk krukowi oka nie wykole

**a dog in the manger** (pot) — sam nie mam i drugiemu nie dam; samolub; sobek

**hot dog (am)** — bułka z gorącą kiełbaską (parówką)

**go to the dogs** — zejść na psy

**keep a dog and and bark oneself** — wykonywać robotę za swego pracownika

**love me, love my dog** — moi przyjaciele są twymi przyjaciółmi

**dog's ears** — ośle uszy (w książce) ,

**two dogs strive for a bone and a third runs away with it** (przy) — gdzie dwóch się bije, tam trzeci korzysta

**a scalded dog fears cold water** (przy) — kto się na gorącym sparzy, ten na zimne dmucha

**a jolly dog** — wesoły człowiek; wesołek

**a sly dog** — chytry człowiek

**a lucky dog** — szczęściarz

**a dirty dog** — łobuz

**a lazy dog** — leń

**surly dog** — ponury; grubianin; cham
**three doors off** — o trzy domy dalej
**out of doors** — na dworze
**here is the door and there is the way!** (pot) — wolna
  droga! idź sobie! (pokazać komuś drzwi)
**to lay s.t. at s.o.'s door** — zwalać na kogoś winę;
  przypisywać komuś coś
**a creaking door hangs long on its hinges** (przy) —
  chorowity i kwękający zazwyczaj długo żyje
**lock the stable door after the horse is stolen** (przy) —
  mądry Polak po szkodzie
**slam the door in s.o.'s face** — zamknąć komuś drzwi
  przed nosem
**on the dot** — punktualnie; co do minuty
**float in a sea of doubts** — być pełnym wątpliwości
**down at heel** — nędznie ubrany
**put down** (t) — zapisać
**ups and downs** — koleje losu; wzloty i*upadki; raz
  na wozie raz pod wozem
**be down with** — być chorym na coś; leżeć w łóżku
**down with!** — precz z...!
**devil's dozen** — feralna trzynastka
**a long dozen, baker's dozen, printer's dozen** — trzynastka
**one's daily dozen** — poranna gimnastyka; tuzin przy-
  siadów
**drag pull** (am) — osobiste wpływy
**draw it mild!** (pot) — nie przesadzaj!
**waking dream** — sen na jawie
**day-dream** — marzenie; zamyślenie się
**dregs of society** — szumowiny
**full dress** — strój wieczorowy; galowy
**dress affair** — zebranie, na którym obowiązuje strój
  wieczorowy
**dressed up to the nines (dressed to kill)** (pot) — elegancko ubrany

**window-dressing** — reklama; reklamiarstwo

**give s.o. a good dressing down** — zmyć komuś głowę; sprawić lanie

**by dribs and drabs** (pot) — kapaniną

**when drink is in, wit is out** (przy) — od wódki rozum krótki

**under the influence of drink** — w nietrzeźwym stanie

**stand a round of drinks** — postawić kolejkę

**drive-in bank, bar, shop** — (do którego można wjechać samochodem)

**what are you driving at?** — o co ci właściwie chodzi? do czego zmierzasz?

**back-seat driver** — pasażer siedzący z tyłu w samochodzie, a pouczający kierowcę jak ma jechać

**to drop in** — wpaść (do kogoś); wstąpić

**drop it!** — przestań! już dosyć!

**a drop in the bucket (ocean)** — kropla w morzu

**to take a drop too much** (pot) — wypić o jeden kieliszek za dużo; upić się

**a drowning man catches at a straw** — tonący brzytwy się chwyta

**drug store** (am) — właściwie apteka, ale sprzedają tam lody, kanapki, różne drobiazgi i dają kawę, herbatę etc.

**beat the drum** — głośno protestować; bezczelnie reklamować

**blind drunk, drunk as a fiddler, as a lord, as an owl** (pot) — zalany w pestkę

**not to have a dry stitch on** — przemoknąć do nitki

**look like a dying duck in a thunderstorm** — wyglądać jak zmokła kura

**will a duck swim?** (pot) — no pewnie! z dziką rozkoszą!

**ducks (ducky)** (pot) — kochaneczku; duszko

**dull as ditch-water** — nudny jak flaki z olejem

**on one's own dunghill** (pot) — na własnych śmieciach

**make the dust fly** (pot) — pracować aż drzazgi lecą

**it's Dutch to me** — dziwne, chińszczyzna

**Dutch auction** — licytacja od wysokiej ceny wywoławczej w dół

**Dutch bargain** — transakcja korzystna dla jednej strony

**Dutch concert** — każdy sobie rzepkę skrobie

**Dutch courage** — odwaga po pijanemu

**Dutch feast** — uczta, na której upija się gospodarz

**Dutch treat** — wszyscy wspólnie płacą rachunek w restauracji

**the Dutch have taken Holland!** — odkrył Amerykę!

**double Dutch** — galimatias; szwargot

**I am a Dutchman if...** — jestem kiep, jeśli

**on duty** — na służbie; na dyżurze

**man on duty** — dyżurny

**off duty** — po służbie; wolny od służby

**pay one's duty** (pot) — złożyć swe uszanowanie

**as in duty bound** — jak obowiązek nakazuje

**duty call** — wizyta oficjalna

**come within s.o.'s duties** — należeć do czyichś obowiązków

**to one's dying day** — do śmierci

# E

**each and all** — wszyscy bez wyjątku; wszyscy razem
**to each other** — jeden do drugiego; do siebie
**they are a shilling each** — po szylingu sztuka
**be all ears** — zamienić się w słuch
**lend an ear to s.o.** — usłuchać, wysłuchać kogoś
**fall on deaf ears** — nie znaleźć posłuchu
**send s.o. away with a flea in his ear** (pot) — nagadać
  komuś; zwymyślać; zabić klina do głowy
**gain the ear of** — znaleźć posłuch
**box s.o.'s ears** — spoliczkować; zbić po twarzy
**for s.o.'s private ear** — na ucho; w sekrecie
**over head and ears (head over ears)** — po uszy
**wet behind the ears** — młokos
**a word in your ear** — słówko na ucho; dobra rada
  na osobności
**the early bird catches the worm** (przy) — kto rano
  wstaje, temu Pan Bóg daje
**keep early hours** — wcześnie iść spać i wcześnie wstawać
**earn (turn) an honest penny** — zarobić uczciwie trochę
  pieniędzy
**in good (sober) earnest** — zupełnie na serio
**where on earth? why on earth?** — gdzież to? dla-
  czegóż to?
**no earthly use** (pot) — na nic (mi to); nic (mi) po
  tym
**easier said than done** — łatwiej to powiedzieć niż
  zrobić
**feel ill at ease** — czuć się nieswojo
**easy circumstances** — dobrobyt; dostatek
**take it easy** — nie denerwuj się; nie przejmuj się;
  uspokój się

**as easy as pie** (pot) — łatwo; śpiewająco
**easy come, easy go** — łatwo przyszło, łatwo poszło
(pieniądze, majątek)
**eat s.o. out of house and home** — zrujnować kogoś;
puścić z torbami
**eat one's head off** — próżnować
**I'll eat my hat, if...** — jestem kiep, jeżeli...
**eat one's cake and have it** — nie można mieć obu
rzeczy naraz
**eat humble pie** — upokorzyć się; znosić przykrości
**eat like a wolf** — mieć wilczy apetyt
**eating irons** (pot) — sztućce
**to set s.o.'s teeth on edge** — działać na nerwy
**put to the edge of the sword** — wyciąć w pień
**be on edge** — być zdenerwowanym
**prison editor** — redaktor odpowiedzialny (bo on pój-
dzie do więzienia)
**get used to s.t. like an eel to skinning** — bardzo
czegoś nie lubić
**of no effect** — bezskuteczny
**take effect** — dojść do skutku, wejść w życie (np.
ustawa)
**...or words to that effect** — ...albo coś podobnego
**as full as an egg is of meat** — nabity; pełny
**egg-head** (am) — intelektualista: erudyta
**as sure as eggs is eggs** — jasne jak słońce; pewne jak
dwa razy dwa cztery
**better an egg today than a hen tomorrow** (przy) —
lepszy wróbel w ręku, niż cietrzew na sęku
**walk upon egg-shells** — postępować b. ostrożnie
**put all one's eggs in one basket** (przy) — postawić
wszystko na jedną kartę
**teach one's grandmother to suck eggs** (przy) — jajko
mądrzejsze od kury
**elbow-grease** — harówka; ciężka praca
**elbow-room** — swoboda ruchów; przestrzeń
**at the elbow** — pod ręką

**be out at elbows** — świecić łokciami

**be up to the elbow** — być bardzo zajętym

**snap election** (part) — niespodziewane wybory

**enclosed herewith (please find enclosed)** — w załączeniu

**from end to end** — od początku do końca

**there's no end to it** — nie widać końca

**world without end** — na wieki wieków

**be at a loose end** — nie mieć nic do roboty

**at loose ends** — w nieładzie

**think no end of oneself** — mieć o sobie wysokie mniemanie (wyobrażenie)

**end in smoke** — I) pójść z dymem; 2) spalić na panewce

**to the bitter end** — do upadłego

**come to a bad (sorry, pitiful) end** — źle (marnie) skończyć

**ended and done with** — skończone raz na zawsze

**no end of** — bez liku; bez końca; mnóstwo

**no end of a fellow** (sl. am.) — morowy facet; byczy gość

**be at the end of one's tether** — być u kresu sił; być bez tchu; gonić ostatkiem sił

**at a dead end** — w położeniu bez wyjścia

**have no end of time** — wesoło spędzić czas; zabawić się

**to put an end to s.t.** — położyć kres czemuś

**end in a deadlock** — utknąć na martwym punkcie

**make both ends meet** — wiązać koniec z końcem

**what can't be cured, must be endured** (przy) — głową muru nie przebijesz

**how goes the enemy?** (żart) — która godzina?

**in plain English** — wyraźnie; czarne na białym

**the Queen's (King's) English** — literacki angielski

**murder the King's English** — kaleczyć angielski

**pidgin English** — żargon angielsko-chiński

**in halting English** — (mówić) utykającą angielszczyzną

**enough is enough** (enough and to spare) — aż zanadto; więcej niż potrzeba

**be good enough to ...** — bądź tak dobry i ...

**entrance fee** — wpisowe

**not equal to it** — nie dorósł do tego

**go on an errand** — być na posyłkach

**errand boy** — chłopiec do posyłek

**have narrow (near) escape** — cudem ujść cało; uniknąć czegoś o włos

**escape with life and limb** — wyjść zdrowo i cało

**the fourth estate** — prasa

**real estate** — nieruchomości

**take evasive action** — unikać trudności, niebezpieczeństw

**that makes us even** — jesteśmy skwitowani

**in the natural course of events** — w normalnym biegu spraw

**ever and anon** — od czasu do czasu

**ever so much** — tak bardzo

**did you ever?** — czyżby? niemożliwe!

**hardly ever** — prawie nigdy

**every now and then (every now and again)** — od czasu do czasu; w odstępach

**every other** — co drugi; wszyscy inni

**everybody's business is nobody's business** (przy) — gdzie kucharek sześć, tam nie ma co jeść

**circumstantial evidence** (praw) — dowody poszlakowe

**turn Queen's (King's) evidence** — wydać współwinnych

**not to have a rag of evidence** — nie mieć żadnego dowodu

**the evil one** — diabeł; licho

**after a narrow examination** — po bliższym zbadaniu

**sit for an examination** — zdawać egzamin

**pass an examination** — zdać egzamin

**present company excepted** — o obecnych się nie mówi

**take exception to** — sprzeciwiać się; protestować

**live up to expectations** — - ziścić pokładane nadzieje

**expectant mother** — kobieta w ciąży

**expectation of life** — przeciętna długość życia
**put s.o. to expense** — narażać kogoś na wydatki
**extenuating circumstances** — okoliczności łagodzące
**all my eye (and Betty Martin)** (pot) — brednie; bzdury; oszustwo
**his eyes are bigger than his belly** — zachłanny (nałożył więcej niż potrafi zjeść)
**with an eye to** — w celu
**have an eye to** — mieć cel na oku
**cast sheep's eyes at** — nieśmiało zerkać; robić do kogoś słodkie oczy
**in the twinkling of an eye** — w mgnieniu oka
**be all eyes** — wpatrywać się uważnie
**black eye** — podbite oko
**glad eye** — oczko; miłosne spojrzenie; perskie oko
**catch s.o.'s eye** — zwrócić na siebie uwagę
**see eye to eye with** — zgadzać się z kimś w zupełności
**eye-wash** (pot) — oszukaństwo
**there is more in that than meets the eye** — nie takie to proste, jak wydaje się na pierwszy rzut oka
**eye-witness** — naoczny świadek
**feast one's eyes on** — napawać czymś oczy
**turn a blind eye** — udawać, że się nie widzi
**draw the wool over s.o.'s eyes** (pot) — mydlić komuś oczy; oszukiwać
**the scales fell from his eyes** — nareszcie przejrzał na oczy
**the apple of one's eye** — oczko w głowie
**with unaided (naked) eye** — nieuzbrojonym, gołym okiem
**damn your eyes!** (pot) — żebyś oślepł!
**light of one's eye** — oczko w głowie
**out of the tail of one's eye** — kącikiem oka
**do in the eye** (pot) — nabijać w butelkę; oszukiwać; nabierać

# F

old wives' fables (tales) — babskie gadanie
draw a long face — mieć smutną minę; wydłużona twarz
face value — wartość nominalna
accept at face value — przyjmować za dobrą monetę
full face — en face
have the face to do s.t. — mieć czelność
fly in the face of — odmawiać posłuszeństwa
pretty-pretty face — lalkowata twarz
poker face — twarz bez wyrazu
pudding face — tłusta twarz bez wyrazu
draw (pull) a face — robić minę; przedrzeźniać
lose face — stracić prestiż
loss of face — utrata prestiżu
save one's face — uratować prestiż
face it out — odważnie stawić czoło trudnościom
let's face it — musimy spojrzeć prawdzie w oczy
on the face of it — sądząc z pozorów; na pierwszy rzut oka
face the music (pot) — wyjść odważnie na spotkanie krytyce, trudnościom
in fact (in point of fact) — istotnie; w rzeczywistości
as a matter of fact — właściwie; faktycznie
the fact of the matter is — rzecz w tym; sprawa polega na
explain the facts of life — uświadamiać w sprawach płciowych
fail (in chemistry) — nie zdać egzaminu (z chemii)
without fail — na pewno; koniecznie; bez pudła
fair enough (pot) — słusznie; trzeba przyznać rację; w porządku; ujdzie

**fair to middling** — tak sobie; średnio na jeża
**all's fair in love and war** — nie przebierać w środkach
(na wojnie i w miłości wszystko dozwolone)
**fair and square** — szczery; prosty; uczciwy
**fair play** — sprawiedliwość; szlachetne postępowanie
**give s.o. his fairing** — odpłacić komuś według jego
zasług
**pin one's faith to** — pokładać nadzieję
**yours faithfully (kor)** — z poważaniem
**fall for** — zakochać się; uwielbiać; przepadać za czymś
**fall short of expectation** — zawieść pokładane nadzieję
**false pretences** — oszukaństwo; pozory; podstęp
**a person of family** — dobrze urodzony; z dobrej znanej
rodziny
**in the family way (pot)** — w ciąży
**in a family way** — bez ceregieli; jak w rodzinie; po
domowemu
**catch s.o.'s fancy** — przypaść do gustu; do serca
**fancy his believing that! (doing that!)** — że też on
może uwierzyć w to (zrobić coś podobnego)!
**just fancy (fancy that!)** — coś podobnego! niemożliwe!
**far from it** — ale skądże; nic podobnego; wręcz przeciwnie
**by far** — o wiele; znacznie
**by far (the best)** — zdecydowanie (najlepszy)
**far be it from me** — Boże uchowaj; za nic na świecie;
daleki jestem od
**far and away** — nie do porównania; znacznie
**far and near (far and wide)** — wszędzie; jak daleko
wzrok sięga
**so far, so good** — jak dotąd wszystko w porządku
**a far cry** — daleka droga; daleko
**to fare well (ill)** — dobrze (źle) powodzić się
**afternoon farmer (pot)** — leniwy rolnik
**dressed in the height of fashion** — ubrany według
ostatniego krzyku mody
**out of fashion** — niemodny; staromodny

**play fast and loose** — lekceważyć; wykręcać się
**run as fast as one's legs can carry one** — wziąć nogi
  za pas; uciekać co tchu w piersiach
**pull a fast one** (sl) — nabierać
**live on the fat of the land** — mieć wszystkiego wbród
**seal s.o.'s fate** — zdecydować o czyimś losie
**Father Christmas** — Święty Mikołaj
**he is the very spit of his father** — wykapany ojciec
**like father like son** — jaki ojciec taki syn
**be at fault** — nie rozumieć; być w błędzie; stracić
  głowę
**at fault** — zdziwiony; zaskoczony
**a fault confessed is half redressed** — przyznanie się
  do winy jest częściowym zadośćuczynieniem
**without fear or favour** — całkiem bezstronnie
**dance (worm oneself) into s.o.'s favour** — wkraść się
  w czyjeś łaski
**curry favour with s.o.** — zabiegać o czyjeś łaski
**by my fay** (arch) — słowo honoru
**fine feathers make fine birds** (przy) — jak cię widzą,
  tak cię piszą
**feather one's nest** — porastać w piórka; bogacić się
**a feather in s.o.'s cap** — przedmiot dumy
**show the white feather** — tchórzyć
**better fed than taught** — wyrósł, ale rozumu nie ma
**fed up** (pot) — znudzony; zniechęcony
**feed a cold** — jeść, żeby wyleczyć się z przeziębienia
**feel like** — być skłonnym; gotowym do; mieć ochotę na
**feel small** — czuć się zawstydzonym; upokorzonym
**feel for s.o.** — współczuć z kimś
**feel like a boiled rag** — czuć się jak wyciśnięta cytryna
**to the feel** — po omacku
**get the feel of s.t.** — zapoznać się z czymś; oswoić
  się z
**give way to one's feelings** — dać upust swoim uczuciom
**have mixed feelings** — mieć sprzeczne uczucia; raz się

smucić, to znów się cieszyć

**bottle up one's feelings** — trzymać swoje uczucia na więzi (ukrywać uczucia)

**sweep s.o. off his feet** — zrobić na kimś silne wrażenie; wzbudzić wielki zachwyt

**find one's feet** (przen) — stanąć na nogi

**good fellow (jolly fellow)** — wesoły kompan; byczy chłop

**hail-fellow-well-met** — człowiek towarzyski; za pan brat

**come on the right side of the fence** — stanąć po stronie zwyciężającej

**sit on the fence** — być niezdecydowanym; zachować neutralność

**be on both sides of the fence** — na dwóch stołkach siedzieć; starać się dogodzić wszystkim

**few and far between** — bardzo rzadko

**as fit as a fiddle** — zdrów jak ryba

**face as long as a fiddle** — nos na kwintę

**fifty-fifty** (pot) — po połowie; pół na pół

**I have fifty things to tell you** (pot) — mam ci tysiąc rzeczy do powiedzenia

**fight shy of** — unikać czegoś

**straight fight** (parl) — walka wyborcza między dwoma kandydatami

**fight to the bitter end** — walczyć do upadłego

**figure of speech** — zwrot retoryczny

**have one's fill** — napić się (najeść) do syta

**fill to the brim** (pot) — nalać do pełna, po brzegi

**finders keepers, loosers weepers** — kto znalazł, ten ma, kto zgubił ten płacze

**figure out (am)** — obliczać; obmyślać

**be finger and thumb** — być nierozłącznymi przyjaciółmi

**keep your fingers crossed!** (pot) — życz mi (sobie) dobrze!

**have a finger in the pie** — brać w czymś udział

**... to the finger tips** — ... w każdym calu

**lift (move, stir) a finger** — ruszyć palcem

**his fingers are all thumbs** — wszystko mu leci z rąk; ma ręce jak z waty

**snap one's fingers at s.o.** — okazywać komuś pogardę; ignorować

**work one's fingers to the bone** — zapracować się po łokcie

**have s.t. at one's finger-ends (tips)** — mieć coś w małym palcu

**can be counted on the fingers of one hand** — można na palcach policzyć

**(an artist) to his finger-tips** — (artysta) z krwi i kości

**to put the finishing touches** — ostatecznie wykończyć coś; zapiąć na ostatni guzik

**pull s.o.'s bacon out of the fire** — narażać się dla kogoś; wyciągać kasztany z ognia

**fight fire with fire** — klin klinem

**go through fire and water** — mieć ciężkie przeżycia; skoczyć w ogień za kogoś

**he won't set the Thames on fire** — on prochu nie wymyśli

**in the first place** — przede wszystkim

**at first sight** — od pierwszego wejrzenia; na pierwszy rzut oka

**first thing (in the morning)** — z samego rana

**first night** — premiera

**first and foremost** — przede wszystkim

**first things first** — po kolei

**first come, first served** — kto pierwszy, ten lepszy

**from first to last** — od początku do końca

**first or last** — wcześniej czy później

**first of all** — przede wszystkim

**better small fish than an empty dish** (przy) — lepszy rydz niż nic

**feed the fishes** — 1) jechać do Rygi, wymiotować; 2) utopić się

**have other fish to fry** (pot) — mieć inne sprawy na głowie

**fish in troubled waters** — łowić ryby w mętnej wodzie

**neither fish, flesh nor fowl (nor good red herring)** (pot) —ni to, ni owo; ni z pierza ni z mięsa; ni pies, ni wydra

**grease s.o.'s fist (palm)** (pot) — przekupić; dać łapówkę; posmarować

**see fit (think fit)** — uważać za stosowne, celowe

**if the shoe fits, put it on** (pot) — jeśli poczuwasz się do winy, to przyjm tę uwagę

**it is a good fit** — dobrze leży (ubranie); pasuje (obuwie)

**show the flag** (pol br) — demonstrować siłę (przez manewry floty i zawijanie do portów)

**have a flair for s.t.** — mieć żyłkę; upodobanie; zdolności do

**flash in the pan** — spalić na panewce

**that's flat!** (pot) — niech nie będzie żadnych wątpliwości! (to ostateczna decyzja)

**fall flat** — zrobić klapę; zbankrutować; upaść jak długi

**make s.o.'s flesh creep** — wywołać ciarki na skórze; przestraszyć

**neither flesh nor fowl** (pot) — por. „neither fish, flesh"

**one's own flesh and blood** — krew z krwi, kość z kości

**more than flesh and blood can stand** — ponad ludzkie siły

**put on flesh** — utyć

**he floats on air** — on w uniesieniu (błogostanie)

**flog a dead horse** (pot) — młócić słomę; męczyć się napróżno

**have the floor** — mieć głos (na zebraniu)

**take the floor** — zabrać głos

**flowers of speech** — kwieciste zwroty

**say it with flowers!** — poślij kwiaty!

**in the flower of life** — w kwiecie wieku

**fly off the handle** (pot) — zdenerwować się

**fly a kite** — puszczać balon próbny

**with flying colours** — z rozwiniętymi sztandarami; śpiewająco

**a fly in the ointment** (pot) — łyżka dziegciu w beczce miodu

**fly on the wheel** — osoba przeceniająca swe znaczenie

**crush a fly on the wheel** — iść z armatą na muchę

**he would not hurt a fly** — on nie skrzywdzi nawet muchy

**there are no flies on it** — mucha nie siądzie

**there are no flies on him** — on jest mądry

**change a fly into an elephant** — robić z igły widły

**cannon-fodder** — mięso armatnie

**to follow s.o.** — rozumieć, o co komuś chodzi

**food for thought** — coś, co jest godne dokładnego przemyślenia

**fool-proof** — metoda lub mechanizm łatwe w użyciu nawet dla osób niedoświadczonych

**send s.o. on a fool's errand** — 1) robić z kogoś wariata; nabijać się z kogoś; 2) powierzyć komuś zadanie, skazane z góry na niepowodzenie

**every man has a fool in his sleeve** — każdy ma w sobie trochę głupoty

**there is no fool like an old fool** (przy) — najgorszym głupcem jest stary głupiec

**fool's paradise** — urojone szczęście; świat fantazji

**get up with one's wrong foot foremost** — wstać lewą nogą

**set on foot** — zacząć; uruchomić

**put one's best foot forward** — dołożyć wszelkich starań

**put one's foot in it** — popełnić gaffę

**carry s.o. off his feet** (prze) — porwać (zachwycić) kogoś

**find one's feet** — nabrać doświadczenia; dać sobie radę

**spring to one's feet** — zerwać się na równe nogi

**on a friendly footing** — na przyjacielskiej stopie

**on an intimate footing** — w zażyłych stosunkach; na zażyłej stopie

**for all that** — mimo to; wbrew temu
**come into force** — wejść w życie (ustawa)
**task force** — specjalny oddział wojskowy
**force s.o.'s hand** — zmuszać kogoś (do ujawnienia
  swych zamiarów)
**forget it** — nie mówmy o tym; wszystko w porządku;
  nic nie szkodzi; nie ma za co
**not to get any forrader** — nie zrobić żadnych postępów
**and so forth (and so on)** — i tak dalej
**I would rather keep him a week than a fortnight** —
  straszny z niego żarłok
**child of fortune** — szczęściarz
**come into a fortune** — odziedziczyć spadek
**marry a fortune** — ożenić się bogato
**tell s.o.'s fortune** — wróżyć komuś
**look forward to** — cieszyć się na coś z góry
**through foul and fair** — w doli i niedoli
**on all fours** — na czworakach; na rękach i kolanach
**the four hundred** (am) — elita Nowego Jorku (por.
  "upper ten thousand" ang.)
**at lenght the fox is brought to the furrier** (przy) —
  nosił wilk razy kilka, ponieśli i wilka
**vulgar (common) fraction** — ułamek zwykły
**frame of mind** — nastrój
**send a fool to France and a fool will return again**
  (przy) — i w Paryżu nie zrobią z owsa ryżu
**free fight** — ogólna bójka
**freedom of the city** — obywatelstwo honorowe
**take freedoms with** — pozwalać sobie na poufałość z
**freeze s.o.'s blood** — ścinać komuś krew w żyłach
**as fresh as a daisy** — świeżutki
**freshman** — uczeń, student pierwszego roku
**Good Friday** — Wielki Piątek
**a friend in need is a friend indeed** (przy) — prawdzi-
  wych przyjaciół poznaje się w biedzie
**bosom friend** — przyjaciel od serca
**kiss and be friends** (pot) — pogodzić się

**make friends** — zaprzyjaźnić się; pogodzić się

**frighten s.o. out of his wits** — wystraszyć kogoś na śmierć; napędzić strachu

**put on frills** (pot) — krygować się

**lunatic fringe** (pol) — fanatyczna, skrajna grupa w partii politycznej

**frog-march** — niesienie opornego twarzą do ziemi przez czterech ludzi trzymających go za ręce i nogi

**black frost** — mróz bez oszronienia

**white frost** — szron

**glazed frost** — gołoledź

**fruit salad** (woj. żart) — baretki odznaczeń wojskowych naszyte na mundurze w kilka rzędów

**small fry** (pot) — byle kto; płotka; osoba nic nie znacząca; hołota

**out of the frying-pan into the fire** — z deszczu pod rynnę

**add fuel to the fire (flame)** — dolewać oliwy do ognia

**turn to full account** — całkowicie wykorzystać (wyzyskać)

**in full swing** — w pełni; w ruchu; na całego

**full of oneself** — zarozumiały

**poke fun at s.o. (make fun of s.o.)** — wyśmiewać się z kogoś

**fun fair** — wesołe miasteczko

**I don't see the fun of it** — nie widzę w tym nic śmiesznego

**too funny for words** — nieopisanie śmieszne

**make the fur fly** (pot) — wywołać awanturę

**fur and feather** — dziczyzna; zwierzyna i ptactwo

**rub (stroke) the fur the wrong way** (pot) — denerwować; gładzić pod włos

**have one's upper story well furnished** (żart) — mieć dobrze umeblowaną głowę

**furniture of the mind** — zasób wiadomości (wiedzy)

**mental furniture** — j.w.

**I will see you further first** (pot) — prędzej mi włosy
na dłoni wyrosną
**without further ado** — bez większych ceremonii
**make a fuss about** (pot) — robić wiele zamieszania
(szumu) dokoła
**make a fuss over** — trząść się nad kimś (czymś);
przesadzać z
**make a fuss of s.o.** — kręcić się koło kogoś; nadskakiwać komuś

# G

**by gad!** (zn. **God**) (sl) — jak Bozię kocham! słowo
honoru! oto masz! masz ci los!

**blow the gaff** — zdradzić tajemnicę; wyśpiewać wszystko o kimś

**gain a pretty penny** — obłowić się; dobrze zarobić

**gain the upper hand** — wziąć górę nad kimś; górować

**dip one's pen in gall** — wylewać żółć

**gall and wormwood** (pot) — rzecz napawająca goryczą

**ill-gotten gains never prosper** (pot) — kradzione nie
tuczy

**heavy gambler** (pot) — hazardowy gracz

**game and glee** (pot) — niekończące się przyjemności;
rozrywki

**be on one's game** — dobrze grać; być w dobrej formie

**be off one's game** — być w złej formie

**drawn game** — nierozegrana; remisowa gra

**the game is up** — gra stracona

**the same old game** (żart) — stara piosenka; znowu to
samo

**none of your games!** — tylko bez żadnych sztuczek!

**gammon and spinach** (pot) — bujda z chrzanem (na
resorach)

**keep s.o. in gammon** (sl) — odwracać czyjąś uwagę,
podczas gdy wspólnik rabuje; kikować (gw)

**gammon the hind leg off a donkey** (pot) — wziąć na
kawał; nabrać

**no garden without weeds** — nie ma róży bez kolców

**lead up the garden-path** (pot) — 1) oszukać, wypro-
wadzić w pole; 2) uwodzić

**be wrong in the garret** (pot) — mieć źle w głowie

**gas-bag** (pot) — samochwała

**step on the gas** (am pot) — dodać gazu

**crash the gate** — przyjść bez biletu (na widowisko), bez zaproszenia (na zebranie, przyjęcie)

**get the gate** (am pot) — być zwolnionym z pracy; pójść na zieloną trawkę

**be gathered to one's fathers** — przenieść się na łono Abrahama

**a stroke of genius** — genialny pomysł

**gentleman's gentleman** — lokaj

**by George!** (pot) — coś podobnego! niemożliwe!

**get along with you!** (pot) — milcz! uspokój się! precz!

**get cracking** (pot) — zabrać się do roboty; szybko!

**make one's gateway** — uciec, zwiać

**how are you getting on?** — jak ci się powodzi? jak się czujesz?

**play the giddy goat** (pot) — robić z siebie wariata

**have the gift of the gab** (pot) — mieć dar wymowy; być wygadanym

**to look green (white) about the gill** (pot) — wyglądać na chorego

**take the gilt off the gingerbread** (pot) pokazać coś bez upiększeń

**pin-up girl** — dziewczyna, której fotografię warto powiesić na ścianie

**hallelujah girl** (pot) — dziewczyna z Armii Zbawienia

**give and take** — wzajemne wyświadczanie sobie przysług; kompromis

**give a thing and take a thing, to wear the devil's golden ring** (przy) — kto daje i odbiera, ten się w piekle poniewiera

**give s.t. up as a bad job** (pot) — machnąć na coś ręką

**give s.o. his due (his own)** — dawać komuś co mu się należy

**cast a glamour over s.o.** — rzucić urok na kogoś

**is your father a glazier?** — nie jesteś przezroczysty; nie zasłaniaj!

**catch a glimpse** — rzucić okiem, zobaczyć przelotnie

**not to have a glimmer of an idea** (pot) — nie mieć
zielonego pojęcia

**fit like a glove** (pot) — leżeć jak ulał

**handle s.o. with kid gloves** — obchodzić się z kimś
w (białych) rękawiczkach

**strain at a gnat and swallow a camel** (bibl.) — odce-
dzić komara, a połknąć wielbłąda; uważać na
drobiazgi, lecz nie zauważyć rzeczy zasadniczej

**go away empty-handed** — odejść z kwitkiem, z pu-
stymi rękoma

**go to blazes (hell, the devil)!** — idź do diabła!

**to go to blazes, (to the dogs, to the devil)** (pot) —
zejść na psy; zrujnować się; rozwalić się

**have a go at** (pot) — spróbować

**there it goes again!** — znów się zaczyna!

**go without** — obejść się bez

**so far as it goes** — na razie; jak dotąd

**go places (pot)** — zwiedzać; jeździć tu i tam

**go-getter (am pot)** — przedsiębiorcza osoba; karierowicz

**go on! (pot)** — niemożliwe! nie mów głupstw! mów
dalej!

**on the go (pot)** — zalatany; czynny; w ciągłym ruchu

**get the go-by (pot)** — zostać pominiętym

**give s.o. the go-by (pot)** — unikać; udawać, że się
nie widzi

**going! going! gone!** — (na licytacji) po raz piewszy,
po raz drugi, po raz ostatni!

**I am going to** — mam zamiar

**goat's wool** — gruszki na wierzbie

**for God's (heaven's, goodness') sake!** — na litość
boską!

**God's blood!** — rany boskie!

**Good God!** — Boże święty! Jezus, Maria!

**God forbid!** — niech Pan Bóg broni! uchowaj Boże!

**God speed!** szczęśliwej podróży!

**God's acre** — cmentarz

**God comes with lead feet, but strikes with iron hands**
(przy) — Pan Bóg nierychliwy, ale sprawiedliwy

**as good as gold** (pot) — szczere złoto (człowiek); złote
serce

**worth its weight in gold** — na wagę złota

**by golly!** (zn. God) — masz ci los! psiakość! coś
podobnego!

**goo-goo eyes** (pot) — miłosne, rozanielone spojrzenie;
maślane oczy

**good bye** (zn. God be with you) — dowidzenia

**to make good** — zadośćuczynić; wynagrodzić krzywdy

**for good (keeps)** — na zawsze; na dobre, bezpowrotnie

**be of good cheer** — być dobrej myśli

**a good way** — daleko

**good alike at grave and gay** — i do tańca i do różańca

**a good deal** — dużo; sporo

**be good at** — dobrze coś robić; znać się na czymś;
mieć wprawę

**good for you!** (pot) — brawo! winszuję!

**goodness knows** — 1) kto wie; nie wiadomo; Bóg
jeden może wiedzieć, 2) z całą pewnością

**his goose is cooked** (pot) — to jego koniec

**find a fault with a fat goose** (pot) — szukać dziury
w całym

**he can't say boo to a goose** (pot) — nieśmiały

**there is no goose so grey in the lake, that cannot find
a gander of her make** (przy) — każda potwora
znajdzie swego amatora

**all his geese are swans** — on przesadza, chwaląc wszystkich w czambuł

**beat the goose** (pot) — bić się rękami na rozgrzewkę

**play gooseberry** (pot) — być przyzwoitką

**by gosh** (zn. God)! — na Boga!

**gosh** (pot) — psiakość!

**caretaker government** (br) — rząd przejściowy

**reins of government** — ster rządu

**governor** (pot) — ojciec, pracodawca (u nas „radca",
„dziedzic", „dyrektor" (gw.)

**say grace** — odmawiać modlitwę przy stole (przed i po
jedzeniu)

**put on airs and graces** — wdzięczyć się; krygować się;
pozować

**a grain of wheat in a bushel of chaff** (pot) skromny
wynik dużych wysiłków

**against the grain** — pod włos; wbrew skłonnościom

**grain by grain and the hen fills her belly** (przy) —
ziarnko do ziarnka, a zbierze się miarka

**with a grain of salt** — krytycznie; z zastrzeżeniem

**do the grand** (pot) — udawać wielkiego pana

**take for granted** — przyjmować coś jako rzecz sobie
należną; uważać za rzecz oczywistą, naturalną,
przesądzoną

**beyond one's grasp** — nieosiągalne; nie do pojęcia

**grasp all, loose all** (pot) — kto chce za wiele, ten
wszystko straci

**not to let grass grow under one's feet** (przy) — nie
zasypiać gruszek w popiele

**bring s.o.'s grey hairs to the grave** — doprowadzić
kogoś do grobu

**dig one's grave with one's teeth** (pot) — zgubić siebie
przez obżarstwo

**grease the wheels** (pot t) — posmarować; dać łapówkę

**be great on** — być biegłym w czymś

**it is Greek to me** — to dla mnie greka, chińszczyzna

**green hand** (pot) — człowiek niedoświadczony w danej
pracy; nowicjusz

**have green fingers** (pot) — być dobrym ogrodnikiem

**grin and bear it** — łatwo znosić ból

**grin like a Cheshire cat** (pot) — być stale uśmiechnię-
tym bez powodu

**to keep one's nose to the grindstone** (pot) — pracować
bez wytchnienia; przyłożyć się do pracy

**it brings grist to the mill** (pot) — to się opłaca

**all is grist to his mill** — on ze wszystkiego potrafi wycignąć korzyści

**get into a groove** — przyzwyczajać się; wejść w rutynę

**beat over old ground** — pisać na stare tematy przeżuwać; powtarzać; młócić słomę

**find common ground** — znaleźć wspólny język

**bear a grudge against s.o.** — żywić urazę; mieć żal do kogoś

**be off guard** — być zaskoczonym

**put s.o. off his guard** — uśpić czyjąś czujność

**be on one's guard** — mieć się na baczności

**guard of honour** — warta honorowa

**your guess is as good as mine** — tyle wiem co i ty

**it is anyone's guess** — to są domysły; trudno to ustalić

**plead guilty (not guilty),** (sąd) — przyznać się (nie przyznać się) do winy

**guinea-pig** — królik doświadczalny

**in the guise of** — pod pozorem, maską

**stick to one's guns** — nie ustępować; trzymać się swych zasad

**full of guts** — żywotny; pełen energii

**have plenty of guts** — być twardym człowiekiem o silnej woli

**sweat one's guts out** (sl) — pracować jak wół; wyłazić ze skóry

# H

**drop one's "h" s (aitches)** — nie wymawiać litery "h", jak to czynią cockneye (" 'is" zamiast "his" itp.)

**take a hair of the dog that bit you** — wybić klin klinem

**keep your hair on!** (pot) — nie gorączkuj się!

**against the hair** — pod włos

**by a hair** — o mały włos; o włos

**split hairs** — dzielić włos na czworo

**make s.o.'s hair curl** — przestraszyć kogoś

**one's hair stands on end** — włosy stanęły dęba

**to a hair** — co do joty; akurat

**not to turn a hair** — okiem nie mrugnąć

**by a hair's breadth** — o włos

**half and half** — po połowie; i tak i nie

**half laughing half crying** — śmiejąc się przez łzy

**he didn't half swear** (pot) — on klął na czym świat stoi

**not half** (sl)! — jeszcze jak!

**not half bad** (pot) — i jeszcze jaki; bardzo dobry

**better half** (pot) — żona; połowica

**do not halloo till you are out of the woods** (przy) — nie krzycz hop, póki nie przeskoczysz

**halting (language)** — utykający (język)

**go halves** — dzielić się po połowie; iść na ugodę

**cry halves** — żądać swej połowy (części)

**go (be at it) hammer and tongs** — walczyć; kłócić się gwałtownie

**hammer and tongs** — ze wszystkich sił

**between the hammer and the anvil** — między młotem a kowadłem

**on one hand ... on the other ... (on the other hand)** — z jednej strony ... z drugiej strony

**at hand, ready at hand, next one's hand, near, close at hand** — pod ręką; blisko

# HAND

**lend a hand** — pomagać
**on hand** — do zrobienia
**in hand** (t) — w zapasie; na składzie
**change hands** — zmienić właściciela; przejść w inne ręce
**fold one's hands** — założyć ręce; próżnować
**not to lift a hand** — nie ruszyć palcem
**gain (get) the upper hand** — zwyciężyć; pokonać; opanować
**with a high hand** — śmiało; wyzywająco
**red-handed** — złapany na gorącym uczynku
**give a helping hand to s.o.** — pomóc
**hand in glove with s.o.** — w zażyłości; w bliskiej przyjaźni
**have an open hand** — być szczodrym
**hands off!** — precz od! precz z!
**hands up!** — ręce do góry!
**in the turn of hand** — w mgnieniu oka
**have a hand like a foot** — mieć niezgrabne ręce (łapy)
**write a hand like a foot** — pisać jak kura pazurem
**bind hand and foot** — zupełnie skrępować
**off-hand** — od niechcenia; od razu; ex promptu, bezceremonialnie
**out of hand** — wymykający się spod kontroli; nieposłuszny
**have well in hand** — opanować; podporządkować sobie
**put not your hand between the bark and the tree** (przy) — nie wtrącaj się w cudze sprawy (zwł. małżeńskie)
**send s.t. by hand** — posłać przez kogoś, „przez grzeczność", umyślnym
**shake hands** — uścisnąć dłoń; przywitać się
**read s.o.'s hand** — wróżyć z ręki
**show one's hand** — ujawnić swe zamiary
**not to do a hand's turn** — siedzieć z założonymi rękami; nie kiwnąć palcem
**wash one's hands with invisible soap** (żart) — zacierać ręce
**old hand** — znawca, stary wyga; bywalec

**a fresh hand** — niedoświadczony; nowicjusz
**at first hand** — z pierwszej ręki
**second-hand** — używany; z drugiej ręki
**hand to hand fight** — walka wręcz
**single-handed** — bez pomocy; sam
**under one's hand** — za własnoręcznym podpisem
**overplay one's hand** — przesadzić; przecenić swoje
　　możliwości
**lay violent hands on s.o.** — dopuścić się na kimś
　　gwałtu
**lay violent hands on oneself** — popełnić samobójstwo;
　　targnąć się na własne życie
**play handy-dandy with s.o.** (pot) — grać z kimś w
　　chowanego
**hang on by one's eyelids** — wisieć na włosku
**as well be hanged for a sheep as for a lamb** (przy) —
　　jak już mam wisieć, to niech wiem za co; iść na
　　całego
**accidents will happen in the best-regulated families** (pot)
　　— to się zdarza w najlepszej rodzinie
**happy-go-lucky** (pot) — beztroski; pogodny; zawsze
　　optymista
**do you happen to ...?** — czy przypadkiem pan ...?
**hard up** — bez pieniędzy; w trudnościach
**hard and fast rules** — surowe przepisy
**hard as nails** — twardy jak kamień
**hard drinker** — nałogowy pijak
**hardly ever** — prawie nigdy
**run after two hares** — trzymać dwie sroki za ogon
**mean no harm** — nie mieć złych zamiarów; zrobić coś
　　nienaumyślnie
**harum-scarum** (pot) — na łeb na szyję; szalony
**harvest festival** — dożynki
**more haste, less speed** — co nagle, to po diable
**in all haste** — pośpiesznie; na gwałt
**make haste slowly** — śpiesz się powoli
**brass hat** (żart woj) — oficer sztabowy

**keep s.t. under one's hat** — trzymać coś w tajemnicy

**silk hat** — cylinder

**cock one's hat** — założyć kapelusz na bakier

**haves and have-nots** — posiadający i nieposiadający; bogaci i biedni

**you have had it** (pot) — to ci się nie udało; to się ci wymknęło

**have it out with s.o.** (pot) — rozprawić się z kimś; wyjaśnić nieporozumienie

**hawks will not pick hawks' eyes** — kruk krukowi oka oka nie wykole

**make hay of s.t.** (pot) — narobić bigosu

**make hay while the sun shines** (przy) — kuj żelazo, póki gorące

**have a big head** (pot) — być zarozumiałym

**have a level head (be level-headed)** — być rozsądnym; trzeźwym

**take into one's head** — wbić sobie do głowy; ubzdrać sobie

**head and shoulders above s.o.** — wyższy od kogoś o całą głowę

**use one's head (brain, wits)** — pomyśleć ; zastanowić się; pójść po rozum do głowy

**go and have your head (brains) examined** (pot) — puknij się w głowę

**lay heads together** — naradzać się

**he knocked their heads together** — on zmusił pokłóconych, by się pogodzili

**he is off his head** — on oszalał; zwariował

**talk s.o.'s head off** — zanudzić kogoś gadaniem; wiercić komuś dziurę w brzuchu

**wooden head** — tępa głowa

**have a head on one's shoulders** — mieć głowę na karku; mieć dobrze w głowie

**have a head screwed on the right way** — j.w.

**from head to foot** — od stóp do głów

**heads or tails?** — orzeł czy reszka?

**not to be able to make head or tail of s.t.** — nie potrafić się rozeznać w czymś

**two heads are better than one** — co dwie głowy, to nie jedna

**talk over s.o.'s head** — mówić za mądrze dla kogoś

**do s.t. over s.o.'s head** — robić coś z pominięciem kogoś

**go to one's head** — uderzyć do głowy

**keep one's head above water** — wiązać koniec z końcem

**head over heels** — 1) do góry nogami; 2) na łeb na szyję

**head over heels in love** — zakochany bez pamięci (po uszy)

**heads I win, tails you lose** — tak czy inaczej, wygrana jest moja

**in the pink of health** — cieszący się dobrym zdrowiem

**picture of health** — okaz zdrowia

**hear! hear!** — słusznie! racja! brawo!

**hear from s.o.** — otrzymać od kogoś wiadomość

**give s.o. a fair hearing** — wysłuchać kogoś bezstronnie

**be hard of hearing** — nie dosłyszeć

**in my hearing** — w mojej obecności; słyszałem na własne uszy

**by heart** — na pamięć

**be the heart and soul of** — być duszą (np. towarzystwa)

**have one's heart in one's mouth** — mieć duszę na ramieniu, przestraszyć się

**lose heart** — upaść na duchu

**heart-to-heart** — szczerze

**what the heart thinks, the mouth speaks** — co na sercu, to na języku

**cross my heart!** (pot) — słowo honoru!

**wear one's heart on one's sleeve** — mieć serce na dłoni

**be of good heart** — być dobrej myśli

**cry one's heart out** — płakać rzewnymi łzami

**have one's heart in one's boots** — drżeć ze strachu

**I have it at heart** — to mi leży na sercu

**his heart is in the right place** — to jest człowiek z sercem

**in one's heart of hearts** — w tajnikach duszy

**to one's heart's content** — ile dusza zapragnie

**with all my heart** — z radością

**with half a heart** — bez wielkiej ochoty, entuzjazmu

**from the bottom of one's heart** — z głębi serca

**heart-throb** (t pot) — przedmiot miłości; flama

**be on right side of the hedge** — postępować prawidłowo

**sit on the hedge (fence)** — wahać się; zajmować wyczekujące, neutralne stanowisko

**bring s.o. to heel** — uczynić kogoś powolnym sobie; utrzeć komuś nosa

**take to one's heels** (pot) — wziąć nogi za pas; dać drapaka

**show a clean pair of heels** (pot) — j.w.

**down at the heel** — 1) zdarte (obuwie); 2) zaniedbany (biedny) człowiek

**follow thick on s.o.'s heels** — deptać komuś po piętach

**milk a he-goat into a sieve** (przy) — tracić napróżno czas

**heir apparent (br)** — prawowity następca (tronu); spadkobierca

**heir presumptive** (br) — domienamy następca (tronu); spadkobierca

**what the hell?** (pot) — co u diabła?

**blast hell out of s.o.** — mocno kogoś zbić

**between hell and high water** (pot) — między młotem a kowadłem

**go to hell!** (pot) — idź do diabła!

**have a hell of a time** (pot) — 1) mieć ciężką przeprawę; 2) dobrze zabawić się

**give s.o. hell** (pot) — zadać komuś bobu

**like hell** (pot) — jak wszyscy diabli

**a hell of noise** — piekielny hałas

**help a lame dog over a stile** — być przyjacielem w potrzebie

**help yourself** (to)! — proszę brać! proszę się częstować!

**second helping** — dokładka; repeta

**I can't help it** — nic na to nie poradzę

**it can't be helped** — na to nie ma rady

**helter-skelter** — w pośpiechu; na łeb na szyję

**like a hen on a hot girdle** — jak na szpilkach

**here, there and everywhere** — wszędzie; dokoła; i tu i tam

**it is neither here nor there** — to nie należy do rzeczy; nie ma znaczenia

**here you are!** (pot) oto masz! proszę bardzo! oto, czego potrzebujemy!

**look here!** (pot t) — posłuchaj!

**here and now!** — natychmiast!

**here's to you!** — wiwat! na zdrowie! sto lat!

**like herrings in a box** — jak śledzie w beczce

**draw a red herring (across the path)** — celowo wprowadzić w błąd; odwlekać uwagę od istoty sprawy

**tan s.o.'s hide** (pot) — wyłoić (wygarbować) komuś skórę; zbić na kwaśne jabłko

**neither hide nor hair** — nic; ani razu; ni słychu ni dychu

**hide-and-seek** — zabawa w chowanego

**give a good hiding** (pot) — sprawić komuś porządne lanie; dać baty (cięgi)

**high and dry** — 1) na mieliźnie; 2) poza nawiasem wydarzeń

**high days and holidays** — przy specjalnych okazjach; od święta; od wielkiego dzwonu

**ride a high horse** — zadzierać nosa

**speak highly of s.o.** — mówić o kimś pochlebnie

**drop a hint** — zrobić aluzję

**hit for six** (pot) — pokonać; zwyciężyć

**hit or miss** — byle jak; na chybił trafił

**hitch hike** (pot) — podróżować; prosząc o podwiezienie (lift)

**drink hob and nob** (arch) — wypijać razem z kimś, trącając się kieliszkami

**every man has his hobby-horse** — każdy ma swego konika

**go the whole hog** (pot) — iść na całego; robić dokładnie, nie szczędząc kosztów i wysiłku

**hokey-pokey** (pot) — oszustwo; szwindel

**not holding water** — nie wytrzymujący krytyki

**it holds water** — to ma głowę i nogi

**hold your jaw!** (sl) — zamknij jadaczkę!

**hold s.o. to his word** — trzymać kogoś za słowo

**hold the line!** — proszę zaczekać przy telefonie!

**in a hole** (pot) — w trudnym położeniu

**pick holes in** (pot) — szukać dziury w całym

**pick a hole in one's coat** — przypiąć komuś łatkę

**bank holiday** (br) — specjalne dni świąteczne (prócz niedziel i innych świąt)

**busman's holiday** (pot) — spędzenie urlopu lub święta na pracy

**at home** (t ob) — 1) przyjęcie towarzyskie z podaniem godzin, 2) specjalny stały dzień na przyjmowanie gości (fr. jour fixe)

**be at home in a subject** — dobrze znać przedmiot; sprawę

**bring s.t. home to s.o.** — 1) przekonać kogoś; 2) dać komuś do zrozumienia; 3) powiedzieć coś dosadnie

**home-truth** — gorzka prawda

**home rule** — autonomia; niezawisłość

**East, West, home's best** — wszędzie dobrze lecz w domu najlepiej

**home, sweet home** — kochany nasz domku, ognisko domowe

**stay-at-home man** — domator

**home-bird** — j.w.

**make oneself at home** — być jak w domu; rozgościć się

**come home with the milk** (pot) — wracać do domu wczesnym rankiem

**nothing to write home about** (pot) — nic nadzwyczajnego

**there is no place like home** — w domu najlepiej

**homework** (t) — 1) lekcje zadane do domu; 2) praca chałupnicza

**honest!** (t pot) — naprawdę! słowo honoru!

**honest to God (goodness)** — prawdziwy; zacny; rzetelny

**honesty is the best policy** (przy) — uczciwość się opłaca

**honour bright!** — słowo honoru!

**upon my honour** — j.w.

**by hook or by crook** — nie przebierając w środkach, za wszelką cenę

**on one's own hook** (pot) — na własną rękę

**hook, line and sinker** (pot) — całkowicie; bez reszty

**to catch on the hop** — złapać na gorącym uczynku

**Hop-o'-my-thumb** — Tomcio Paluch

**hope is a good breakfast but a bad supper** (przy) — nadzieja jest dobrym śniadaniem, lecz złą kolacją

**hope for the best** — mieć najlepsze nadzieje

**forlorn hope** — nadzieja nieziszczalna, zawiedziona

**hope against hope** — mimo wszystko nie tracić nadziei

**everybody blows his own horn** (pot) — każda liszka swój ogonek chwali

**willing horse** — gorliwy pracownik

**horse-sense** — zdrowy, chłopski rozum

**back the wrong horse** — stawiać na złego konia; przeliczyć się

**eat like a horse** — mieć wilczy apetyt

**come off one's high horse** — spuścić z tonu, zrzucić pychę z serca

**rocking-horse** — koń na biegunach

**that is a horse of another colour** — to inna para kaloszy

**hold your horses!** (pot) — ciszej! nie denerwuj się! uważaj na zakrętach!

**enough to make a horse laugh** (pot) — koń by się uśmiał

**tell it to the horse-marines** (pot) — bujać to my, ale nie nas

**ride on horseback** — jechać konno

**straight from the horse's mouth** — informacje z wiarogodnego źródła

**hot and hot** (pot) — prosto z pieca

**get it hot** (pot) — otrzymać wymówkę

**it is getting too hot for s.o.** — ziemia pali się pod stopami

**be in hot water** — być w kłopocie

**at the eleventh hour** — za pięć dwunasta; w ostatniej chwili

**peak hour** — godzina największego zużycia (np. elektryczności)

**off-peak hour** — godziny poza (j.w.)

**rush hour** — godzina największego ruchu (np. kołowego)

**after hours** — po godzinach urzędowych

**keep good hours** — wcześnie iść spać i wcześnie wstawać

**keep late hours**— późno chodzić spać

**an Englishman's house is his castle** (przy) — dom Anglika jest jego zamkiem

**half-way house** — 1) hotel na połowie drogi; 2) kompromis

**house-warming party** — przyjęcie z okazji przeprowadzenia się do nowego domu

**on the house** — bezpłatnie; na koszt gospodarza (zwł. wypić)

**haunted house** — dom, w którym straszy

**bring down the house** — odnieść sukces, (zwł. uzyskać żywiołowe oklaski podczas przedstawienia)

**house full** (lub **full house**) — (teatr) nie ma miejsc

**like a house on fire** — szybko; piorunem
**huff and puff** — piorunować, złościć się
**hunger is the best sauce** — głód jest najlepszym ku-
    charzem
**as hungry as a hawk (hunter)** — głodny jak wilk
**hurry-scurry** (pot) — na łeb na szyję; na łapu capu
**henpecked husband** (pot) — mąż pod pantoflem
**hyphenated American** (am) — Amerykanin obcego
    pochodzenia (np. Dutch-American)

# I

**dot the I's and cross the T's** — być pedantem: dbać
o szczegóły
**on thin ice** — na niepewnym gruncie
**cut no ice** — 1) nic nie wskórać; 2) nie mieć znaczenia;
3) nie wywierać żadnego wrażenia
**break the ice** — przełamywać pierwsze lody
**I don't get the idea** — nie rozumiem; nie mogę pojąć
**convey some idea** — dać pojęcie
**hit on an idea** — wpaść na pomysł
**that's the idea!** (pot) — o to chodzi! oto właśnie!
**I have not the slightest (remoted, foggiest) idea** (pot)
— nie mam żadnego, zielonego pojęcia
**I have not a shadow (a ghost) of an idea** (pot) — j.w.
**what's the big (great) idea?** (am. pot) — cóż to znów
za pomysł? co to ma znaczyć? cóż to za głupstwo?
**entertain an idea** — nosić się z myślą, z zamiarem
**cherish an idea** — snuć plany; żywić nadzieję
**mistaken identity** — złudne, pozorne podobieństwo
**if if's and an's were pots and pans, ther'd be no need
for tinker's hands** (przy) — gdyby ciocia miała
wąsy, to by była wujkiem
**it's an ill wind that blows nobody good** (przy) — nie
ma tego złego, co by na dobre nie wyszło
**take in ill part** — brać za złe
**ill doers are ill deemers** (przy) — kto sam źle czyni,
podejrzewa o to innych
**ill-gotten, ill-spent** — kradzione nie tuczy
**he can ill afford to...** — on nie może sobie pozwolić
(nie stać go) na to, żeby ...
**do s.o. an ill turn** — źle się komuś przysłużyć

**bear s.o. ill-will** — żywić urazę do kogoś
**it ill becomes to you** — nie wypada ci
**the living image of s.o.** — podobni jak dwie krople; wykapany
**imagine things** — mieć urojenia, przywidzenia
**the matter imports me nearly** — sprawa mnie żywo obchodzi, dotyczy
**I am under the impression that** — mam wrażenie, że
**brazen impudence** — szczyt bezczelności
**you are in for it** (pot) — to ciebie nie minie; nawarzyłeś sobie piwa
**in and out** — ukazujący się i znikający; wewnątrz i na zewnątrz

**to be in** (t) — być w domu
**are you in it?** (pot) — czy bierzesz w tym udział?
**in with you** (pot) — proszę wejść
**ins and outs** (pot) — tajemnice; arkana; chody; sposoby
**a man of my inches** — człowiek mego wzrostu
**inch by inch** (pot) — po trochu, powoli
**every inch of** (pot) — w każdym calu; bardzo podobny; wykapany
**give him an inch and he'll take an ell** (przy) — daj mu palec, a on chwyci całą rękę. Daj kurze grzędę, a ona: „jeszcze wyżej siędę"
**to be given an inch and take a mile** (przy) — j.w.
**in Indian file** — gęsiego
**infant prodigy** — cudowne dziecko
**infant phenomenon** — j.w.
**his inferiors** — ludzie stojący niżej od niego
**common informer** — konfident; donosiciel
**before the ink is dry** — niezwłocznie; natychmiast
**for instance** — na przykład
**in her instance** — w jej wypadku; jeśli o nią chodzi
**in the first instance** — z początku; w pierwszej kolejności
**add insult to injury** — skrzywdzić i obrazić
**swallow (pocket) an insult** — przełknąć zniewagę

**to all intents and purposes** — faktycznie; istotnie
**intoxicating liquor** — napój wyskokowy
**invisible ink** — atrament sympatyczny
**I. O. U.** (zn. **I Owe You**) — skrypt dłużny
**get s.o.'s Irish up** (pot) — rozdrażnić kogoś
**have too many irons in the fire** — imać się zbyt wielu
    spraw; trzymać dwie sroki za ogon
**splendid isolation** (br pol) — doskonałe odosobnienie
    (jedna z doktryn polityki br.)
**bring an issue to a close** — rozwiązać zagadnienie
**get an itch for** — bardzo czegoś pragnąć
**have an itching palm** (pot) — być chciwym, łasym
    na pieniądze
**show one's ivories** (sl) — szczerzyć zęby; śmiać się
**wash one's ivories** (sl) — pić alkohol
**tickle the ivories** (żart pot) — grać na fortepianie

# J

**every man Jack** (pot) — wszyscy, wszyscy kto żyw
**all shall be well, Jack shall have Jill** (pot) — wszystko
się skończy szczęśliwie
**a good Jack makes a good Jill** (przy) — u dobrego
męża dobra żona
**Jack Frost** — uosobienie mrozu
**Jack of all trades (master of none),** (pot) — majster
do wszystkiego (lecz niczego nie umie dokładnie)
**Jack in office** (pot) — zarozumiały, gorliwy urzędni
czyna; biurokrata; ważniak
**strait-jacket** — kaftan bezpieczeństwa
**potatoes boiled in their jackets** — ziemniaki w mun-
durkach
**better a lean jade than an empty halter** — lepszy rydz
niż nic
**real jam** (sl) — paluszki lizać
**traffic jam** — zator (korek) w ruchu kołowym (dro-
gowym)
**on the jar (door ajar)** — w pół otwarte drzwi
**Jekyll and Hyde** (lit) — człowiek o dwóch naturach
(dobrej i złej)
**put in jeopardy** — narazić na niebezpieczeństwo
**jerry-builder** — budujący tandetnie; fuszer budowlany
**to be a standing jest** — być przedmiotem stałych żartów
**the wandering Jew** — Żyd wieczny tułacz
**in a jiffy** (pot) — migiem, prędko
**jiggery-pokery** (pot) — hokus-pokus
**a job of work** — praca
**by jingo!** (pot) — dalibóg!
**odd job** — praca dorywcza
**be paid by the job** — być płatnym na akord
**give s.t. up as a bad job** — machnąć na coś ręką

**joking apart** — żart na stronę
**Joe Miller** (pot) — dowcip z brodą; stary kawał
**jog s.o.'s memory** — przypomnieć komuś
**John Blunt** (pot) — mówiący szczerze; bez ogródek; prosto z mostu
**Johny Newcome (Raw),** (pot) — nowicjusz; młokos; rekrut; Jasio zielone ucho
**from John O'Groat's to Land's End** — jak Brytania długa (od cypla Szetlandii do cypla Kornwalii)
**John Trot** (pot) — nieociosany; cham
**joint (Sunday joint),** (t) — mięso do pieczenia (najczęściej zwinięte w rulon)
**out of joint** (przen) — zepsuty; nie w porządku; nie w swym sosie
**crack a joke** — zażartować
**lavatory (sex) joke** — nieprzyzwoity dowcip
**joke in bad taste** — niesmaczny żart
**jolly well** — wspaniale, doskonale
**jolly fellow** — wspaniały typ; byczy facet (por. piosenkę: "For he is a jolly good fellow")
**Jolly Roger** — piracka flaga (trupia czaszka i skrzyżowane piszczele na czarnym tle)
**not one jot or tittle** — ani na jotę; ani troszeczkę
**gutter journalism** — brukowa prasa
**by Jove!** — na Jowisza! piakość!
**be beside oneself with joy** — nie posiadać się z radości
**no joy without alloy** — nie ma róży bez kolców
**judgement by default** (sąd) — wyrok zaoczny
**the Last Judgement** — sąd ostateczny
**stew in one's own juice** (pot) — smażyć się we własnym sosie
**jump the queue** (pot) — pchać się poza kolejką
**he is my junior** — on jest młodszy ode mnie
**trial (common, petty) jury** (br) — sąd przysięgłych
**just a moment** — proszę poczekać chwileczkę
**just so** — właśnie tak, a właśnie
**just now** — przed chwilą, dopiero co

**just the same** — mimo to
**just about** — gdzieś tu, kiedyś w tym czasie, prawie
**do justice** — oddać sprawiedliwość; należycie ocenić
**do justice to a meal** — dobrze sobie (z apetytem) zjeść
**bring to justice** — pozwać przed sąd

# K

**be dead keen on s.t.** — bardzo coś lubić; przepadać za czymś

**keep open doors (house, table)** — żyć na szerokiej stopie, zamożnie

**keep oneself to oneself** — być samotnym, zamkniętym w sobie, odludkiem

**keep your breath to cool your porridge** (przy) — schowaj radę dla siebie

**keep out of s.o.'s way** — unikać spotkania z kimś

**keep at arm's length** — trzymać kogoś z dala od siebie

**keep a stiff upper lip** — zachować zimną krew; nie dać poznać po sobie strachu

**for keeps (for good)** (pot) — na zawsze; na dobre

**keep s.o. underfoot** — trzymać pod butem

**keep up with the Joneses** — dostosować się na siłę do wyższej stopy życiowej sąsiadów, znajomych

**be in keeping with s.t.** — harmonizować; pasować; odpowiadać

**get the key of the street** (arch) — zostać bez dachu nad głową

**spy through the keyhole** — podglądać przez dziurkę do klucza

**kick up a row (noise)** — wszcząć hałas, buszować

**more kicks than halfpence** — więcej kłopotu, niż zysku

**no kidding?** (am) — naprawdę? nie żartujesz?

**kill two birds with one stone** — upiec dwie pieczenie przy jednym ogniu

**kill-joy** — człowiek psujący dobry nastrój, zabawę

**with kind (kindest) regards** (kor) — z uprzejmym pozdrowieniem

**answer (pay back, repay) in kind** — odpłacić tą samą monetą, pięknym za nadobne

**pay in kind** — płacić w naturze, towarach

**it is very kind of you** — to bardzo ładnie z pana strony

**kind of** (pot) — swego rodzaju

**kiss the dust** — ścierać proch sprzed czyichś stóp

**kiss hands** (t) — całować rękę monarchy przy obejmowaniu urzędu

**kiss one's hand to** — posłać pocałunek ręką

**blow a kiss to s.o.** — j.w.

**soup-kitchen** — stołówka dla biednych

**kith and kin** — krewni i znajomi

**knave of hearts** (t) — ulubieniec kobiet; bawidamek

**before you can say knife** (pot) — w mgnieniu oka

**ply a good knife and fork** (pot) — jeść z apetytem; pałaszować

**not to know A from B** — nie wiedzieć ani be ani me

**not to know s.o. from Adam** — zupełnie nie znać kogoś

**before you know where you are** (pot) — momentalnie; raz-dwa-trzy

**for what I know (for all I know, so far as I know)** — o ile mi wiadomo

**know what's what** — wiedzieć, jak, co i gdzie

**God (goodness) knows** — sam Pan Bóg wie

**know full well** — wiedzieć aż nadto dobrze

**not to know a hawk fom a handsaw** (arch) — nie odróżniać jednej rzeczy od drugiej

**know better** — doskonale rozumieć; zostać przy swoim zdaniu

**know the ropes** — znać wszystkie szczegóły; być obeznanym

**know-how** — tajemnica metod produkcji

**not that I know of** — nie sądzę; o ile wiem, nie

**be in the know** (pot) — być wtajemniczonym

**a little knowledge is a dangerous thing** — wiedzieć
mało to rzecz niebezpieczna
**not to my knowledge** — nic o tym nie wiem; o ile
mi wiadomo, nie
**to the best of my knowledge (and belief)** (praw) —
o ile mi wiadomo
**get a rap on the knuckles** — dostać po łapach; otrzymać wymówkę
**knuckle down to one's books** — ślęczeć nad książką

# L

**labour under a mistake (delusion, illusion, error)** — być w błędzie; łudzić się

**kick down the ladder** (pot) — porzucić przyjaciół, dzięki którym zrobiło się karierę

**he is unable to see a hole in a ladder** (pot) — on jest zalany w pestkę

**one of the lads** (pot) — swój człowiek, należący do kliki

**Our Lady** — Matka Boska

**lady-killer** — pożeracz serc niewieścich

**lady of the house** — pani domu, gospodyni

**lady of fashion** — wielka dama

**ladies' man** — kobieciarz; bawidamek

**leading lady** — aktorka, grająca główną rolę

**lady-love** — pani serca, ukochana

**lady-like** — jak przystoi damie

**it is a long lane that has no turning** — wszystko ma swój koniec; kres (pocieszająco)

**no man's land** — pas neutralny; ziemia niczyja

**see how the land lies** — gruntownie coś zbadać przed zaczęciem pracy

**in the Land of Nod** (żart) — w objęciach Morfeusza

**land of milk and honey** — kraj mlekiem i miodem płynący

**finger language** — porozumiewanie się na migi (język, alfabet głuchoniemych)

**bad language** — ordynarne wyrażenia

**strong language** — dosadny język; wymyślanie

**speak the same language** — mieć wspólny język

**high language** — napuszony język

**at large** — na wolności; swobodnie; bez określonego celu

**go at large** — pójść w świat
**as large as life** — jak żywy; naturalnej wielkości (np. portret); we własnej osobie
**what a lark! (pot)** — co za wspaniały pomysł (figiel)!
**last but not least** — ostatni, lecz nie mniej ważny
**as a last resort** — jako środek ostateczny
**the last but one** — przedostatni
**the last straw** — ostatnia kropla, która przebiera miarę
**he is the last person I like to see** — wcale nie chcę go widzieć
**at last (emf. at long last)** — nareszcie
**let the shoemaker stick to his last (przy)** — szewcze, pilnuj swego kopyta
**my late (father)** — nieboszczyk (świętej pamięci) (ojciec)
**later on** — później; potem; z czasem
**dog Latin** — łacina kuchenna
**Latter Lammas** — Święty Nigdy
**as thin as a lath (rake)** — chudy jak szczapa
**work oneself into a lather** — pienić się ze złości
**have a good laugh** — serdecznie się uśmiać
**laugh on the wrong side of one's mouth** — śmiać się z musu (uśmiech może obrócić się w łzy)
**laugh in s.o.'s face (at s.o.'s beard)** — śmiać się w żywe oczy
**don't make me laugh** — nie śmiesz mnie; koń by się uśmiał
**laugh away** — obrócić w śmiech
**laugh like a drain (sl)** — głośno śmiać się
**roar with laughter** — pokładać się ze śmiechu; zanosić się od śmiechu
**this is no laughing matter** — to nie są żarty; w tym nie ma nic śmiesznego
**laughing stock** — pośmiewisko
**make a laughing stock of s.o.** — wystawić kogoś na pośmiewisko
**common law** — niepisane, zwyczajowe prawo
**statute law** — pisane, kodyfikowane prawo

**drive a coach and six through the law** — obchodzić prawo

**take the law into one's own hands** — samemu sobie wymierzyć sprawiedliwość

**club-law** — prawo maczugi, pięści

**on the right side of the law** — zgodnie z prawem

**go to law** — skierować sprawę do sądu

**lawn party** (am) — zebranie towarzyskie na świeżym powietrzu (ang. garden party)

**lay it on thick (lay it on with a trowel)** (pot) — chwalić bez umiaru; schlebiać

**lazy-bones (lazy beggar),** (pot) — leń; próżniak

**lead astray** — sprowadzić na manowce, bezdroża

**lead the way** — prowadzić; iść na czele

**leader (leading article)** artykuł wstępny

**take a leaf out of s.o.'s book** — naśladować kogoś; brać z kogoś przykład

**turn over a new leaf** — poprawić się; zerwać z przeszłością

**it leaks out** — tajemnica wychodzi na światło dzienne

**by leaps and bounds** — bardzo szybko; milowymi krokami

**a leap in the dark** — skok w nieznane; ryzykowne postępowanie

**look before you leap** — bądź ostrożny

**learn** (t) — dowiedzieć się; przekonać się

**learn by heart** — nauczyć się na pamięć

**learn the hard way** (pot) — poznać coś na własnej skórze

**a little learning is a dangerous thing** — posiadać mało wiadomości to rzecz niebezpieczna

**least of all** — w najmniejszym stopniu

**at least** — przynajmniej

**least said, soonest mended** — im mniej się o tym mówi, tym lepiej

**not in the least** — bynajmniej

**leave s.o. in the lurch (leave s.o. flat),** (pot) — wystawić na sztych; zostawić na lodzie

**leave out in the cold** — pozostawić własnym siłom

**leave (let) alone** — dać pokój

**leave it at that!** — dość! wystarczy!

**take French leave** — wyjechać bez pożegnania (fr. filer à l'anglaise)

**by your leave** — za twoim pozwoleniem

**of the same leaven** (ach) — z tego samego ciasta (zaczynu)

**to deliver a lecture** — wygłosić odczyt

**eat the leek** — przełknąć zniewagę

**be on one's last legs** — gonić resztkami sił

**he hasn't a leg to stand on** (przen) — on nie ma najmniejszej racji

**pull s.o.'s leg** (pot) — naciągać kogoś; robić komuś kawał

**put one's best leg forward** (pot) — 1) szybko iść, 2) okazale wystąpić

**take to one's legs (heels),** (pot) — wziąć nogi za pas

**leg-pull** (pot) — nabieranie (kogoś)

**stretch one's leg according to the coverlet** (przy) — żyć zgodnie z dochodem; według stanu grobla

**lend a man money and ask it of him again** (przy) — nie pożyczaj, zły obyczaj, nie oddają, jeszcze łają

**lend your money and lose your friend** (przy) — j.w.

**at length** — na całą długość; szczegółowo; nareszcie

**go to any length** — posuwać się do ostateczności

**go to great length** — zadawać sobie wiele trudu; wyciągnąć wszelkie konsekwencje

**measure one's length** — upaść jak długi

**the leopard does not change his spots** — natura ciągnie wilka do lasu

**no less a person (than the director)** — sam (dyrektor)

**object-lesson** — lekcja poglądowa

**let alone** — nie mówiąc już o...

**to the letter** — co do joty

**bread-and-butter letter** — list z podziękowaniem za gościnę
**in block letters** — pismem naśladującym druk
**man of letters** — pisarz; literat
**in letter and in spirit** — w treści i w duchu
**on the level (pot am)** — uczciwy; porządny; sprawiedliwy
**do one's level best** — robić wszystko, na co kogoś stać
**levy in mass (mass levy)** — pospolite ruszenie
**he is liable to be out** — może go nie być w domu
**liar in root and grain** (arch) — wierutny kłamca
**liberal arts** — nauki humanistyczne
**liberal education** — wykształcenie ogólne
**take the liberty of doing s.t.** — pozwolić sobie na coś
**take liberties** — pozwolić sobe na poufałość; naruszyć czyjeś prawa
**reference library** — biblioteka podręczna
**this licks me!** (sl) — to mnie zatkało! nie mogę tego pojąć!
**to lick the dust** — ponieść klęskę
**lick one's lips** (pot) — cieszyć się na myśl o czymś
**keep the lid on s.t.** (pot) — trzymać coś w tajemnicy
**that's put the lid on it** (pot) — basta; sprawa została przesądzona
**with the lid off** (pot) — bez żadnych osłonek
**lie doggo** (pot) — leżeć bez ruchu; ukrywać się
**lie low** (pot) — cicho siedzieć
**as you've made your bed, so you must lie in it** (przy) — jak sobie pościelisz, tak się wyśpisz
**it lies with you** — to od ciebie zależy
**white lie** — niewinne kłamstwo (łac. pia fraus)
**a pack (web) of lies** — stek kłamstw
**lie plump** (pot) — kłamać bez zająknięcia, jak z nut
**lie in one's throat** — kłamać w żywe oczy
**lie like a gas-meter** (żart) — j.w.
**fight for dear life** — walczyć na śmierć i życie

**while there's life, there's hope** — póki życia, póty nadziei; („niech żywi nie tracą nadziei")
**way of life** — sposób, styl życia
**British way of life** — zwyczaje brytyjskie
**not on your life** (pot) — nic podobnego; w żadnym
wypadku
**bring to life** — przywrócić do przytomności; ocucić
**for the life of me** — za nic w świecie
**take one's (own) life** — popełnić samobójstwo; odebrać
sobie życie
**upon my life (word)** — słowo honoru
**true to life** — jak żywy (np. portret); naturalny
**escape with life and limb** — wyjść całym i nietkniętym,
bez szwanku
**high life** — wyższa sfera towarzyska, społeczna
**the life and soul** — dusza (towarzystwa), łac. spiritus
movens)
**still life** (mal) — martwa natura
**have the time of one's life** — użyć sobie jak nigdy
w życiu
**life is not all beer and skittles** (pot) — życie to nie
igraszka; życie nie jest romansem
**life and death struggle** — walka na śmierć i życie
**life of the party** — dusza towarzystwa
**give s.o. a lift** (pot) — podwieźć kogoś (samochodem)
**see the red light** — widzieć lub podejrzewać niebezpieczeństwo
**give s.o. the green light** — dać komuś wolną drogę;
aprobować postępowanie
**bring to light** — ujawnić; wyjaśnić; wydobyć na jaw
**hide one's light under a bushel** — chować światło pod
korcem
**like greased lightning** (pot) — jak jasny piorun; błyskawicznie
**the light in s.o.'s eyes** — oczko w głowie
**strike a light** — zapalić zapałkę; zrobić ogień

**I don't half like it** (pot) — to mi się bynajmniej nie
podoba

**I like that!** (pot) — a to mi się podoba! na pewno nie!

**likes and dislikes** — sympatie i antypatie; upodobania
i uprzedzenia

**as like as chalk and cheese** (pot) — podobne jak pięść
do nosa

**as like as two peas** — podobne jak dwie krople wody

**like cures like** — klin klinem (łac. similia similibus
curantur)

**as like as not** (pot) — najpewniej

**and the like** — i temu podobne

**in all likelihood** — wg wszelkiego prawdopodobieństwa

**take a liking to s.o.** (s.t.) — przywiązać się; czuć sympatię do kogoś, lub czegoś

**to one's liking** — przypadający do gustu, do serca

**lilies and roses** (pot) — różowa cera; krew i mleko

**a limb for a limb** — oko za oko, ząb za ząb

**limb of the law** (żart) — organ sprawiedliwości (adwokat, policjant)

**be in the limelight** — być na świeczniku, ośrodkiem
zainteresowania

**you're the limit!** — jesteś niemożliwy (nieznośny);

**that's the limit!** — to przechodzi wszelkie granice!

**the sky is the limit** — są nieograniczone możliwości

**toe the line** (pot) — trzymać się ściśle przepisów; podporządkować się dyscyplinie (zwł. partii politycznej)

**line, hook and sinker** — całkowicie; dosłownie wszystko

**drop s.o. a line** — napisać do kogoś parę słów

**the broad lines of s.t.** — ogólny zarys czegoś

**take a strong line** — zająć twarde stanowisko

**it is not my line** — to nie jest w moim guście; moim
zwyczajem; moja specjalność

**on the same lines** — w tym samym duchu, rodzaju

**a silver lining** — promień nadziei

**see the lions** — oglądać coś godnego widzenia

**twist the lion's tail** (br) — napadać na (znieważać) W. Brytanię

**pay lip-service** — nieszczerze zapewniać; modlić się tylko ustami; prawić miłe słówka

**keep one's lip buttoned** (sl) — stulić pysk; zamknąć (trzymać) gębę na kłódkę

**hang upon s·o.'s lips** — zamienić się w słuch; uważnie kogoś słuchać

**the worse for liquor** — podchmielony; pijany

**little by little** — pomału; stopniowo

**little or nothing** — prawie nic; tyle co nic

**live off the fat of** — żyć na czyjś koszt

**live on borrowed time** — żyć, choć dawno powinno się było umrzeć

**live within one's income** — mieć stopę życiową odpowiednią do dochodu; żyj rozchodzie z przychodem w zgodzie

**live in a small way** — żyć skromnie

**live from hand to mouth** — żyć z dnia na dzień; pchać biedę; klepać biedę

**live beyond one's income** — żyć nad stan

**live in clover** — pływać jak pączek w maśle

**live and learn** — człowiek ciągle czegoś się uczy

**long live!** — niech żyje!

**live by one's wits** — 1) radzić sobie w życiu; 2) żyć z nieuczciwych źródeł dochodu

**live and let live** — umieć żyć (współżyć) z ludźmi

**earn a livelihood** — zarabiać na życie

**fast liver** (pot) — utracjusz; bonwiwant

**there is not a living soul** — nie ma żywej duszy

**plain living and high thinking** — skromne życie materialnie, lecz bogate życie umysłowe (duchowe)

**(make) earn a living** — zarabiać na życie

**standard of living** — stopa życiowa

**lo and behold!** — wtem! nagle! raptem! znienacka!

**that's a load off my mind** — kamień mi spadł z serca

**half a loaf is better than no bread** (przy) — lepszy rydz
    niż nic

**division lobby** (parl br) — korytarz, przez który prze-
    chodzą członkowie Parlamentu podczas głosowania
**under lock and key** — pod zamknięciem
**lock, stock and barrel** — całkowicie; wszystko razem
**lock-up shop** — sklep, przy którym nie mieszka wła-
    ściciel

**roll my log and I'll roll yours** (przy) — wzajemne usłu-
    gi; usługa za usługę
**be at loggerheads with s.o.** — kłócić się; wodzić się
    za łby
**the long and the short of it** — krótko mówiąc (sprawa
    tak się przedstawia)
**of long standing** — stary; wieloletni
**make a long nose** — pokazać fujarę na nosie; zagrać
    na nosie
**take long views** — planować na dalszą metę
**to make a long story short** — krótko mówiąc
**in the long run** — na długą metę; w ostatecznym ra-
    chunku
**long-faced** — z nosem na kwintę
**no longer** — już nie
**it looks like** — wygląda na
**look blank** — mieć głupią minę
**look the other way** — udawać, że kogoś się nie widzi;
    odwracać głowę
**take a good look** — dobrze zbadać, przyjrzeć się
**don't look now!** (pot) — nie patrz na razie (gdy się
    mówi o osobie, która jest w pobliżu)
**dirty look (pot)** — pogardliwe; nieprzyjemne spoj-
    rzenie
**good looks** — uroda
**look one's best** — wyglądać najkorzystniej, jak nigdy
    dobrze
**be on the look-out** — czuwać; pilnować

**look forward to** s.o. (s.t.) — niecierpliwie oczekiwać na kogoś, na coś

**look black** — patrzeć spode łba

**have a cog (screw, slate, tile) loose** (pot) — brakuje piątej klepki, śrubki

**let** s.o. **loose** — puścić samopas; zwolnić

**be at a loose end** — nie mieć określonego zajęcia

**by the Lord Harry!** (arch) — do diabła! niech to diabli wezmą!

**lords spiritual** (parl br) — biskupi, członkowie Izby Lordów

**lords temporal (parl br)** — świeccy członkowie Izby Lordów

**her lord and master** (żart) — jej pan i władca

**drunk like a lord** — pijany jak szewc

**a good loser** — osoba zachowująca pogodę ducha w przeciwnościach (zwł. gdy przegrywa)

**lose one's temper** — stracić panowanie nad sobą; wpaść w złość

**lose heart** — utracić zaufanie we własne siły

**lose one's grip** — stracić panowanie nad czymś

**be at a loss** — być w rozterce, trudnościach; nie wiedzieć co począć; łamać sobie głowę nad czymś

**loss of life** — straty w ludziach

**dead loss** — czysta strata

**give** s.o. **up for lost** — uważać kogoś za straconego; postawić na kimś krzyżyk

**a bad lot** (pot) — łajdak; łotr; nicpoń

**lots and lots** (pot) — wielka ilość; bardzo dużo

**fall in love** — zakochać się

**fall out of love** — odkochać się

**be madly in love with** s.o. — szaleć za kimś

**to love** (t) — lubić, chcieć

**dearly love** s.t. — b. chcieć; pragnąć

**love cannot be compelled** — serce nie sługa

**for love or money** — za wszelką cenę

**nor for love or money** — za nic; za nic w świecie

**old love will not be forgotten** (przy) — stara miłość
   nie rdzewieje
**there is no love lost between them** — 1) oni siebie
   nienawidzą; 2) oni się bardzo kochają
**cupboard love** — miłość interesowna
**love me, love my dog** (przy) moi przyjaciele są twymi
   przyjaciółmi
**be head over heels in love with** — zakochać się po uszy
**a stroke of luck** — niespodziewane szczęście; powodzenie
**to be down on one's luck** — mieć złą passę
**it's just my luck!** — takie mam szczęście!
**he has all the luck!** — ten ma szczęście!
**bad luck** — nieszczęście; zły los; niestety
**as luck would have it** — 1) na szczęście; 2) na nieszczęście
**lucky beggar!** (pot) — to ci szczęściarz!
**lucky dog!** (pot) — j.w.

# M

**be mad about (music)** — przepadać za (muzyką)
**drive s.o. mad** — doprowadzać do szału
**as mad as a March hare (a hatter)** (pot) — zupełnie
  zwariowany; szalony
**mad money** (am) — pieniądze, które zabiera dziewczyna
  idąca na spotkanie z chłopcem, by miała za co
  wracać do domu, jeśli pokłóci się z nim
**have a maggot in one's brain** — być dziwakiem; mieć
  kiełbie we łbie
**put one's knees under the mahogany** (żart) — spożyć
  posiłek
**maid of honour** (am) — druhna (starsza, pierwsza)
**maid of all work** — służąca (panna) do wszystkiego
**maiden (flight, trip)** — pierwszy, inauguracyjny
**maiden speech** (parl br) — pierwsza mowa członka
  Parlamentu
**maiden name** — nazwisko panieńskie
**in the main** — głównie, przeważne
**splice the mainbrace** (mar) — dać dodatkową porcję
  rumu z okazji uroczystości
**to be a mainspring** — być inicjatorem, główną sprężyną
**join the majority** — przenieść się na tamten świat
**one can't make anything of it** — trudno to zrozumieć,
  pojąć
**she will make a good wife** — z niej będzie dobra żona
**make sure of** — zabezpieczyć się; postarać się; upewnić się
**make the most of** — najbardziej skorzystać
**be on the make** (pot) — robić karierę; dorabiać się
**on the male side** — po ojcu (po mieczu)
**best man** — drużba

**man to man** — jak mężczyzna do mężczyzny; między nami mężczyznami

**ex-service man** — były wojskowy; kombatant

**man of parts** — człowiek utalentowany

**family man** — domator; człowiek żonaty

**man of the world** — doświadczony; znawca; wyrafinowany człowiek

**kick a man when he is down** — bić leżącego

**key man** — człowiek na kluczowym stanowisku

**man of substance** — człowiek zamożny

**man about town** — dandys; lew towarzyski; bywalec; elegant; znana w mieście postać

**young man in a hurry** — karierowicz; niecierpliwy reformator

**every man for himself** — ratuj się, kto może

**the man in he street** — szary człowiek; przeciętny obywatel

**man's man** — prawdziwy mężczyzna

**he-man** (pot) — samiec; człowiek bardzo męski

**to a man** — wszyscy co do jednego

**he is your man** — oto kogo szukasz (przen. — masz, czego szukasz)

**self-made man** — człowiek, który sam się dorobił, zrobił karierę

**a man in high position** — człowiek wysoko postawiony

**snow-man** — bałwan ze śniegu

**so many men, so many minds** — co głowa to rozum

**in a manner** — w pewnym stopniu, do pewnego stopnia

**by no manner of means** — w żadnym wypadku; wykluczone

**a good many** — sporo; dużo

**be too many for s.o.** — przechytrzyć kogoś

**a great many** — mnóstwo; bardzo wiele

**one too many** — niepotrzebny; akurat jego brakowało

**put on the map** — spopularyzować; uczynić znanym

**mare's nest** (pot) — iluzja; mrzonka; fantazja

**a mare's shoe and a horse's shoe are alike** (przy) — na jedno kopyto, nie kijem to pałką

**save the mark** — przepraszam za wyrażenie

**hit the mark** — trafić w sedno; osiągnąć cel

**mark time** — wybijać takt

**to the marrow of one's bones** — do szpiku kości

**marriage of convenience** — małżeństwo z rozsądku

**marry money** — bogato się ożenić

**marry beneath one** — popełnić mezalians

**martial law** — stan wyjątkowy

**high mass** — suma (msza)

**like master, like man** (przy) — jaki pan taki kram

**be on the mat** — otrzymać wymówkę; być skarconym

**meet one's match** — znaleźć równego sobie

**make matchwood of** — rozbić w drzazgi, w drobny mak

**fool's mate** — szewski mat w szachach

**the heart (root) of the matter** — sedno sprawy

**subject-matter** — spis treści (książki)

**as a matter of course** — ma się rozumieć; oczywiście

**as a matter of fact** — w samej rzeczy; faktycznie

**matter-of-fact** — osoba trzeźwo, realnie myśląca

**for that matter** — jeśli o to chodzi

**nothing the matter** — nic się nie stało

**what is the matter?** — o co chodzi? co się stało?

**what is the matter with him?** — co mu się stało? o co mu chodzi?

**what does it matter?** — jakie to ma znaczenie? to nieważne

**it does not matter** — to nieważne; nieistotne; nic nie szkodzi

**Maundy Thursday** — Wielki Czwartek

**Maundy Money** — jałmużna, rozdawana j.w.

**be that as it may** — co by nie było, tak czy inaczej

**square meal** — pożywny, dobry posiłek

**to mean to say** — chcieć powiedzieć; mieć na myśli

**by all means** — oczywiście, koniecznie; owszem; i owszem; proszę bardzo

**a man of means** — człowiek zamożny; majętny

**of slender means** — biedny; ubogi

**by no means** — bynajmniej; w żadnym wypadku

**no mean (writer)** — niepośledni (nie byle jaki) (pisarz)

**it is beyond my means** — to nie na moją kieszeń; nie stać mnie na to

**means test** — badanie stanu majątkowego petenta (przy rozpatrywaniu podania o zapomogę etc.)

**in the meantime** — w międzyczasie; tymczasem

**mean well** — mieć dobre zamiary; intencje

**what do you mean by it?** — co chcesz przez to powiedzieć?

**measure up to (am)** — dorównywać komuś; nie ustępować komuś

**measure for measure** — oko za oko; jak Kuba Bogu, tak Bóg Kubie

**measure another's corn by one's own bushel (przy)** — mierzyć innych własną miarą

**take the measure of s.o.** — urobić sobie opinię o kimś

**green meat** — zielona pasza

**it's meat and drink to him** — w to mu graj; on na to jak na lato

**one's man meat is another man's poison** — co dla jednego zdrowe, drugiemu może zaszkodzić

**give s.o. a dose of his own medicine** — odpłacić komuś tą samą monetą, pięknym za nadobne

**strike a happy medium** — znaleźć złoty środek; pójść na kompromis

**meet half-way** — pójść na kompromis, na rękę

**meet Mr. Brown! (am)** — przedstawiam pana Brown!

**melt one's heart** — rozczulać kogoś

**melting-pot (am)** — tygiel — przen. tygiel narodowości (Stany Zjednoczone)

**private member (parl br)** — członek Parlamentu, który nie należy do rządu

**within the memory of man (within living memory)** —
   za ludzkiej pamięci; jak daleko sięga pamięć ludzka
**lapse of memory** — zapomnienie
**to the best of my memory** — o ile sobie przypominam;
   o ile mnie pamięć nie myli
**retentive memory** — dobra pamięć
**be on the mend** — poprawiać się; wracać do zdrowia
**mend one's ways** — zmienić się na lepsze; poprawić
   się
**don't mention** — to drobiazg; nie ma o czym mówić;
   proszę bardzo; nic nie szkodzi; nie ma za co
**not to mention** — nie mówiąc już o
**for mercy's sake** — na miłość; litość Boską
**mercy killing** — zabójstwo z litości (eutanazja)
**on its merits** — 1) pod względem merytorycznym;
   2) rozpatrując indywidualnie
**merry-go-round** — karuzela
**clear up the mess** (pot) — uporządkować nieład
**in a mess** (pot) — w bałaganie; rozgardiaszu; do góry
   nogami
**mess of potage** (bibl) — miska soczewicy
**make a mess of one's life** — zmarnować życie
**take the mickey out of s.o.** (sl) — żartować z kogoś;
   dworować; zgrywać
**many a pickle makes a mickle** (przy) — ziarnko do
   ziarnka a zbierze się miarka
**burn the midnight oil** — pracować późno po nocach
**with might and main** — całą siłą; na całego
**might is right** — siła przed prawem
**be miles away** — być roztargnionym; zamyślonym
**milk and water** (pot) — flaki z olejem
**pigeon's milk** — ptasie mleko
**this is grist to his mill** (przy) — to woda na jego młyn
**the mills of God grind slowly, but they grind exceedingly
   small** — Pan Bóg nierychliwy, ale sprawiedliwy
**not to mince matters (without mincing matters)** — nie
   owijać w bawełnę; wykładać kawę na ławę

**to my mind** — moim zdaniem
**make up one's mind** — postanowić; zdecydować się
**bear in mind** — mieć na uwadze; zapamiętać
**in one's right mind** — przy zdrowych zmysłach
**be out of one's mind** — 1) denerwować się; 2) wariować
**give s.o. piece of one's mind** — powiedzieć prawdę w
    oczy; skarcić
**cross one's mind** — przyjść do głowy
**presence of mind** — przytomność umysłu
**speak one's mind** — otwarcie wypowiedzieć się
**keep in mind** — mieć na uwadze, w pamięci
**do you mind?** (pot) — przepraszam! proszę się posunąć!
**do you mind (doing s.t.)** — bądź łaskaw (uczynić coś)
**know one's own mind** — wiedzieć, czego się chce
**if you don't mind** — za pozwoleniem; jeśli nie masz
    nic przeciwko
**mind one's own affairs (business)** — nie wtrącać się
    w cudze sprawy; pilnować swego nosa
**mind the step!** — uważaj na stopień (próg)!
**never mind** — nic nie szkodzi; trudno; to obojętne;
    nie zwracaj uwagi
**in mint condition** — wprost spod prasy (druk)
**take the minutes** — prowadzić protokół (zebrania)
**minutes of a meeting** — protokół zebrania
**miscarriage of justice** — omyłka sądowa; niesprawied-
    liwy wyrok
**keep out of mischief** — nie ulegać pokusie; trzymać
    się z dala od grzechu, psoty

**miss the bus** (pot przen) — stracić sposobność, okazję

**make no mistake about it** — nie łudź się co do tego

**get the mitten** (am sl) — otrzymać odprawę; dostać kosza w konkurach

**handle without mittens (gloves)** (am) — bez zbytniej grzeczności

**give s.o. the mitten** (am) — dać kosza; gwałtownie atakować

**a good mixer** — osoba b. towarzyska

**mob law** — rządy motłochu

**on the spur of the moment** — nagle; pod wpływem chwili

**in an unguarded moment** — w chwili nieuwagi

**Mondayish** (dosł. poniedziałkowy) (pot) (o duchownych) — przepracowany po niedzieli, (o innych) rozleniwiony; przepity

**one can't get s.t. for love or money** — za żadne skarby; za nic na świecie

**I am hard up for money** — u mnie kuso z pieniędzmi

**be hard pressed for money** — bardzo potrzebować pieniędzy

**play ducks and drakes with money** (pot) — szastać pieniędzmi

**conscience-money** — anonimowa wpłata przez podatnika podatku od dochodu, który ukrywał i sumienie go ruszyło

**throw money down the drain** — wyrzucić pieniądze przez okno

**throw good money after bad** — niepotrzebnie, uparcie narażać się na dalsze straty

**pocket-money** — kieszonkowe

**pin-money** — kieszonkowe (zwł. w odniesieniu do kobiet)

**ready money** — gotówka

**give s.o. a run for his money** (pot) — odwzajemnić się komuś za poniesione wydatki

**have money to burn** (pot) — mieć pieniędzy jak lodu

**money burns a hole in his pocket** — pieniądze się go nie trzymają

**there is money in it** — na tym można dobrze zarobić

**mongol** (t) — idiota; nienormalny od urodzenia

**monkey business** (pot) — 1) małpie figle; 2) krzątanie się

**monkey about** (pot) — dokazywać; małpować

**this day month** — dokładnie za miesiąc (co do dnia)

**a month of Sundays** — długi i nieokreślony przeciąg czasu

**bark at the moon** — niepotrzebnie wysilać się; tracić czas

**jump over the moon** — być w stanie podniecenia

**the moon does not heed the barking of a dog** (przy) — księżyc nie zwraca uwagi na szczekanie psa

**cry for the moon** — chcieć gwiazdki z nieba

**that is all moonshine** — to urojenie, bzdura

**the more, the merrier** — im większe towarzystwo, tym weselej

**there is more to it than that** — za tym kryje się coś więcej

**what is more** — ponad to; w dodatku

**more or less** — mniej lub więcej

**first thing in the morning** — z samego rana

**I can't see any mortal use for it** — nie wyobrażam sobie, na co to w ogóle może się przydać

**make the most of** — jak najbardziej wykorzystać; przesadnie chwalić

**expectant mother** — kobieta w ciąży

**mother's help** — pomocnica domowa

**the mountain brought forth a mouse** (przy) — z wielkiej chmury mały deszcz

**friends may meet, but mountains never greet** (przy) — góra się z górą nie zejdzie, lecz człowiek z człowiekiem

**make a mountain out of a molehill** (przy) — robić z igły widły

**be quiet as a mouse** — siedzieć jak mysz pod miotłą

**it's a poor mouse that has only one hole** — nie należy wszystkiego stawiać na jedną kartę

**handle-bar moustache** — wąsy w kształcie kierownicy roweru (zwł. R.A.F.)

**take the words out of s.o.'s mouth** (pot) — wyjąć komuś z ust

**by word of mouth** — ustnie

**keep your mouth shut and your eyes open** — mniej mów, więcej patrz

**have a big mouth** (pot) — być mocnym w gębie

**you and your big mouth!** (pot) — zawsze niepotrzebnie gadasz!

**my mouth waters** (at) — ślinka mi cieknie z ust (na coś)

**so much so** — do tego stopnia

**so much the better** — tym lepiej

**so much the worse** — tym gorzej

**that much** — tyle, tak wiele

**there is not much in it** — w tym nie ma nic ciekawego

**very much so** — właśnie tak; jak najbardziej

**much of a muchness** — prawie to samo; podobne

**mum's the word** (pot) — trzymaj to w tajemnicy

**the murder is out** (pot) — wyszło szydło z worka

**muscle into** (am) — wkręcić się do zawodu lub interesu; nie przebierając w środkach

**spring up like a mushroom** — rosnąć jak grzyby po deszczu

**my aunt! my eye! my hat! my word!** lub samo **my!** (am pot) — okrzyk niezadowolenia, zachwytu lub zdziwienia — a niech to diabli wezmą! brawo! masz babo placek! redutę!

# N

one **nail drives another** — klin klinem
**nail to the counter** (pot) — piętnować; przygważdżać;
podkreślać (zwyczaj przybijania fałszywych monet
do lady sklepowej)
**hit the nail on the head** — trafić w sedno
**nails in mourning** — brudne paznokcie (żałoba po kocie)
**as naked as the day he was born** — nagi jakim go Pan
Bóg stworzył
**namby-pamby** (pot) — czułostkowy
**go by the name of** — być znanym pod nazwą
**give a dog a bad name and hang him** (przy) — kogoś
zniesławić i przez to zniszczyć
**call s.o. names** — przezywać kogoś, wyzywać
**call names** — wymyślać; kląć
**Christian name** — imię dane na chrzcie
**forename** — imię (w odniesieniu do niechrześcijan)
**first name** — imię
**middle name** — drugie imię
**last name (surname)** — nazwisko
**call s.o. by one's first name** — mówić do kogoś po
imieniu; być na „ty"
**he is not to be named in the same breath with** — on
się nie umywa do
**a nation of shop-keepers** — naród sklepikarzy (Adam
Smith o Anglikach)
**national** (t) — państwowy
**in a state of nature** — nago, jak matka rodziła
**in the course of nature** — naturalnym porządkiem
rzeczy
**bring to naught** — zredukować do zera; zmarnować;
udaremnić; obrócić w niwecz
**say s.o. nay** (arch) — dać odmowną odpowiedź

**a near miss** — rzecz, która się prawie udała

**neat as a (new) pin** — czysty, jak z pudełeczka

**neck and neck** — łeb w łeb

**neck or nothing** — ryzykować wszystkim; być gotowym na wszystko

**neck and crop** — na łeb na szyję

**get it in the neck** (pot) — mieć za swoje

**a stiff neck** — upór

**stick one's neck out** — nastawiać karku; ryzykować

**up to one's neck** — po samo gardło; po uszy

**if need be** — w razie potrzeby; jeśli zajdzie potrzeba

**be on pins and needles** — siedzieć jak na szpilkach

**needless to say** — zbyteczne dodawać

**next-door neighbour** — najbliższy sąsiad

**in the neighbourhood of** — około (np. £10)

**neither here nor there** — to nie dotyczy sprawy

**get on s.o.'s nerves** — działać komuś na nerwy

**of all the nerve!** (pot) — co za bezczelność!

**bundle of nerves** — kłębek nerwów

**nervous wreck** — osoba o zrujnowanych nerwach

**Niggers begin at Calais** — Murzyni zaczynają się od Calais (powiedzenie zwolenników insularyzmu)

**find a mare's nest** (pot) — trafić kulą w płot

**nest-egg** — pieniądz na czarną godzinę

**stir up a hornets' nest** — narobić sobie wielu wrogów

**be on nettles** (pot) — czuć się jak nagi w pokrzywach

**never is a long word (day!)** (pot) — jeszcze zobaczymy! może zmienisz zdanie!

**never on this side of the grave** (pot) — za nic w życiu; przenigdy

**well, I never! (well, I never did!)** (pot) — niemożliwe! coś podobnego! żartujesz! to dopiero!

**carry coals to Newcastle** — lać wodę do studni

**bad news has wings** — złe wieści mają skrzydła

**that is a new one to me** — dla mnie to nowość; pierwsze słyszę

**break the news** — ostrożnie podać komuś złą wiadomość

**no news is good news** (przy) — brak wiadomości oznacza, że wszystko jest w porządku

**next of kin** — najbliższy krewny

**next best** — drugi co do jakości

**next to none** — prawie nic, bardzo mało

**I know next to nothing** — ja prawie nic nie wiem

**it is next to impossble** — to prawie niemożliwe

**what next?** — co dalej? i co dalej?

**in the nick of time** — w samą porę

**night stick** (am) — ciężka pałka policyjna używana podczas nocnej służby

**night drink** — filiżanka gorącego napoju do poduszki

**deep into the night** — późno w nocy

**dead of night** — późna noc

**at night** — wieczorem

**by night** — w nocy

**Midsummer Night** — Noc Świętojańska

**it is quite a nip!** (pot) — to duża suma pieniędzy! to sporo forsy!

**in no time** — szybko, prędko

**even Homer nods** — koń ma cztery nogi, a potknie się

**none the better** — nic nie lepiej

**none the less** — tym niemniej

**none the worse** — nic nie gorzej

**stop that nonsense!** — nie rób głupstw! przestań!

**stand no nonsense from s.o.** — nie tolerować czyjegoś postępowania; złego wykonywania obowiązków

**blow one's nose** — wytrzeć nos

**pay through the nose** (pot) — płacić wygórowaną cenę

**Nosey-Parker** (pot) — osoba wścibska

**cock one's nose** — zadzierać nosa do góry

**nose is out of joint** — nos spuszczony na kwintę

**put s.o.'s nose out of joint** — pokrzyżować czyjeś plany; pomieszać komuś szyki

**a nose to light candles at** (żart pot) — czerwony nos (pijaka)

**as plain as the nose on your face** (pot) — jasne jak słońce

**make a long nose** — zagrać komuś na nosie

**nose to nose** — twarz w twarz

**not at all (not in the least)** — bynajmniej; nic podobnego; nie ma za co

**not a bit (not a bit of it)** — bynajmniej

**not again!** — co, znowu?

**note-paper** — papier listowy

**apropos of nothing** — ni z tego ni z owego

**a mere nothing** — drobiazg, drobnostka

**nothing doing** — z pewnością nie

**nothing whatever** — nic a nic

**good (fit) for nothing** — do niczego

**get for nothing** — dostać za darmo

**nothing to be done** — nie ma rady

**nothing of the kind** — nic podobnego

**practically nothing** — tyle co nic

**all to nothing** — wszystko na nic

**all for nothing** — nadaremnie

**nothing to write home about** — nic nadzwyczajnego

**there is nothing in it** — w tym nie ma nic nadzwyczajnego

**serve a notice** — zawiadamiać urzędowo

**give notice** — dać wymówienie (pracy; umowy)

**till further notice** — aż do odwołania

**take no notice** — nie zwracać uwagi

**now then** — a więc

**now and then (again)** — od czasu do czasu

**just now** — tylko co, zaraz

**every now and again** — od czasu do czasu

**from now on** — na przyszłość

**nowhere near** — ani nawet w przybliżeniu

**make oneself a nuisance** — dokuczać; przeszkadzać; być utrapieniem

**he got nowhere** — nie powiodło mu się

**null and void** (praw) — nieważny, unieważniony

**back number** — stary numer pisma

**his number has come up** (pot) — przyszła kryska na Matyska

**one's opposite number** — odpowiednik (osoba zajmująca takie samo stanowisko w innym urzędzie lub państwie)

**he is not of our number** — on nie należy do nas

**dry-nurse** (lub tylko **nurse**) — niańka, piastunka

**wet nurse** — mamka

**nurse one's grief (sorrow)** — bez przerwy rozpamiętywać swe smutki i żale

**off one's nut** (pot) — pomylony, wariat

**a hard nut to crack** — trudny orzech do zgryzienia

**in a nutshell** — w kilku słowach; zwięźle

**nutty as a fruitcake** (pot) (am) — zupełnie zwariowany

# O

**put in one's oar** (pot) — wtykać swoje trzy grosze
**have an oar in every man's boat** (pot) — wścibiać nos do wszystkiego
**administer the oath** — odbierać przysięgę
**left-handed oath** — przysięga, którą składający zamierza złamać
**the air was blue with oaths** — klęli na czym świat stoi
**oath of allegiance** — przysięga na wierność
**be off one's oats** (pot) — stracić apetyt
**(price) no object** — (cena) nie gra roli
**conscientious objector** — osoba, która się uchyla od służby wojskowej z uwagi· na swe przekonania religijno-etyczne
**fall (sink) into oblivion** — pójść w niepamięć
**rise to the occasion (be equal to the occasion)** — stanąć na wysokości zadania
**take occasion by the forelock** — skwapliwie skorzystać ze sposobności
**blind-alley occupation** — zatrudnienie nie dające żadnych widoków na przyszłość
**occupational disease** — choroba zawodowa
**this must not occur again** — to nie powinno się powtórzyć
**at odd hours (moments)** — w godzinach wolnych od pracy
**odd man out** — losowanie przez rzucanie monety
**odd and even** — para nie para
**odd jobs** — dorywcze zajęcia
**odd hand** — osoba, zajmująca się dorywczą pracą
**odds and ends** — resztki; ostatki; szczegóły; drobiazgi
**the odds lie on his side** — przewaga jest po jego stronie

**be at odds** — 1) kłócić się z kimś, 2) nie zgadzać
się z kimś, 3) być w kropce
**what is the odds?** — cóż to szkodzi?
**it makes no odds** — nie ma żadnej różnicy
**oddly (strangely) enough** — dziwne, o dziwo!
**be off!** — precz! idź precz! wynoś się!
**off-hand** — 1) bez przygotowania, 2) niegrzecznie
**hands off!** — precz od...!
**hold office** — piastować urząd
**officer (t)** — policjant (gdy się do niego uprzejmie
zwracamy)
**non-commissioned officer (N.C.O.)** — podoficer
**good offices** — pośrednictwo, przedstawicielstwo
**in the offing** — niezbyt odległy, bliski (czas, przestrzeń)
**what is in the offing?** — co się szykuje? na co się
zanosi?
**off the record** — nieoficjalny; prywatny; poufny
**palm-oil (pot)** — łapówka
**oil s.o.'s palm (pot)** — dać łapówkę, dać w łapę, posmarować rękę
**O.K.** — zn. **All Correct (pot)** — w porządku, zgoda
**to O.K.** (pot) — wyrazić zgodę, zatwierdzić
**old as the hills** — stary jak świat
**old salt** (pot) — wilk morski
**old man** (pot) — ojciec; mąż; pracodawca
**old bird** (pot) — stary wyga
**there is life in the old dog yet (pot)** — w starym piecu
diabeł pali; stary ale jary
**old school tie** — krawat szkoły jako symbol społecz-
ny (zwł. public schools)
**Old Glory (am)** — sztandar amerykański „Stars and
Stripes"
**you can't make an omelette without breaking eggs**
(przy) — gdzie drwa rąbią, tam wiory lecą
**on our own** — sami; bez pomocy

**on and off (off and on)** — czasem; od czasu do czasu; z przerwami

**on and on** — nie zatrzymując się; bez przerwy; stale

**once bitten twice shy** (przy) — kto się na gorącym sparzy, ten na zimne dmucha

**once is no custom** (przy) — jeden raz nie liczy się,

**the once over** (am) rzut oka na

**once or twice** — parę razy; kilkakrotnie

**for once** — nareszcie; przynajmniej raz

**all at once** — nagle; wtem; raptem

**once for all** — na zawsze; raz na zawsze

**once upon a time** — kiedyś; dawno temu (początek bajki)

**one too many for s.o.** — ponad siły

**one and all** — wszyscy co do jednego; bez wyjątku

**one and the same** — taki sam

**one by one** — jeden za drugim; pojedynczo

**keep to oneself** — żyć na uboczu (samotnie)

**off one's onion** (sl) — pomylony, wariat

**weep over onion** (pot) — lać krokodyle łzy; obłudnie płakać

**only too true** — niestety, prawdziwe

**in the open** — na widoku publicznym

**considered opinion** — dobrze przemyślane zdanie

**a matter of opinion** — sprawa sporna

**cut and dried opinion** — urobione zdanie

**golden opportunity** — doskonała okazja (sposobność)

**seize an opportunity** — skorzystać ze sposobności

**just the opposite** — zupełnie przeciwnie; odwrotnie

**as squeezed orange** — jak wyciśnięta cytryna

**order paper** — porządek dzienny

**rise to a point of order** — prosić o głos w sprawie formalnej

**put one's house in order** — uporządkować swe sprawy

**out of order** — zepsuty

**apple-pie order** — wzorowy porządek

**out and out** — całkowicie; zupełnie

**be out and about** — przychodzić do zdrowia; wychodzić po chorobie
**out patient** — pacjent dochodzący do szpitala
**out of the ordinary** — niezwykły
**out of doors** — na zewnątrz, na powietrzu
**out-worker** — chałupnik
**out and away** — bez porównania
**be at outs with** (am) — nie zgadzać się z kimś
**be over and done with** — skończyć z czymś
**over and above** — nadto; prócz tego; na dodatek
**over and over again** — ustawicznie; raz po raz
**overcall one's hand** — przelicytować się
**overall (length)** całkowita (długość)
**owl train** (am pot) — pociąg nocny
**owl taxi** (am pot) — taksówka nocna
**on one's own account** — na własną rękę (np. przedsiębiorstwo)
**I.O.U.** (zn. **I Owe You**) — skrypt dłużny
**come into one's own** — spotkać się z uznaniem
**hold one's own** — nie dawać za wygraną; nie ustępować
**tell s.o. his own** — powiedzieć prawdę w oczy
**you cannot flay the same ox twice** (przy) — z jednego wołu nie można zedrzeć dwóch skór

# P

**keep pace with** — dotrzymywać kroku
**paddle one's own canoe** — liczyć tylko na własne siły
**from title-page to colophon** — od deski do deski
(książka)
**no pains, no gains** (przy) — bez pracy nie ma kołaczy
**be at pains** — starać się; usiłować
**paint s.o. black** — oczerniać; przestawiać kogoś w
złym świetle
**paint the lily** (pot) — upiększać coś, co i tak jest
piękne
**part and parcel** — nieodłączna część
**paint s.t. red** — podać w sposób sensacyjny, by rzu-
cało się w oczy
**pigeon pair (pot)** — chłopiec i dziewczynka ; dwoje
dzieci w rodzinie; parka
**a pretty pair of shoes!** (pot) — a to ładny interes!
**that is another pair of shoes** — to jest inna para kaloszy (butów)!
**grease s.o.'s palm** (pot) — posmarować komuś rękę;
dać łapówkę
**have an itching palm** — być łapownikiem
**lick the pants off s.o.** (pot) (am) — spuścić komuś
lanie
**commit to paper** — zapisać
**paper** (t) — referat; raport; wypracowanie
**pardon my French** (żart) (arch) — proszę mi wybaczyć
brzydkie wyrazy
**have neither part nor lot in** — nie mieć z czymś nic
wspólnego
**run for Parliament** — kandydować do parlamentu

**to act a part** — udawać; zachowywać się obłudnie
**for the most part** — przeważnie
**for his part** — co się tyczy jego
**go into particulars** — badać szczegóły
**particular about s.t.** — wybredny w czymś
**at the parting of the ways** — rozdroże; rozstajne drogi
**sleeping partner** — cichy wspólnik
**silent partner** (am) — j w
**acting partner** — czynny wspólnik
**be a party to s.t.** — brać w czymś udział
**hen-party** (pot) — zabawa, zebranie samych kobiet
**stag-party (pot)** — zabawa, zebranie samych mężczyzn
**throw a party** (pot) — wydać przyjęcie
**pass away** — umrzeć
**let is pass** — nie mówmy o tym
**fly into a passion** — unosić się
**rake up the past** — grzebać w przeszłości
**past (chairman)** — były (prezes)
**Paul Pry** (pot) — osoba wścibska
**cat's paw** (pot) — posłuszne narzędzie
**past (bearing)** — nie do (wytrzymania)
**past (belief)** — nie do (wiary)
**say devil's paternoster** (pot) — mruczeć przekleństwa pod nosem
**cross s.o.'s path** — stać komuś na przeszkodzie
**certified patient** — pacjent uznany za chorego umysłowo
**he would try the patience of a saint** — nawet święty nie wytrzymałby z nim
**velvet paws hide sharp claws** (przy) — cicha woda brzegi rwie
**he who pays the piper calls the tune** (przy) — kto płaci, ten wymaga
**pay on the nail** (pot) — płacić natychmiast, żywą gotówką
**be in s.o.'s pay** — być przez kogoś wynajętym

**pay back in one's own coin** — odpłacić tą samą monetą

**pay attention** — zwracać na coś uwagę

**Pay-As-You-Earn** (br) — płacić podatek dochodowy przy każdej wypłacie

**pay through the nose** (pot) — płacić wygórowaną cenę

**the Queen's (King's) Peace** (sąd) — porządek publiczny

**peace of mind** — spokój duchowy, równowaga

**peaches and cream** (pot) — cera jak krew z mlekiem

**not the only pebble on the beach** — na nim świat się nie kończy

**peeping Tom** — osoba, która lubi podglądać

**find one's peer** — znaleźć równego sobie

**a round peg in a square hole (a square peg in a round hole),** (pot) — osoba nie nadająca się na dane stanowisko

**come down a peg** (pot) — spuścić z tonu

**take s.o. down a peg (or two)** (pot) — upokorzyć kogoś; przytrzeć rogów

**pell-mell** (pot) — nieład; groch z kapustą; pośpiech

**take care of the pence and the pounds will take care of themselves** (przy) — ziarnko do ziarnka a zbierze się miarka

**turn up like a bad penny** — znów do kogoś wrócić wbrew jego chęciom

**cost a pretty penny** — kosztować sporo pieniędzy

**not a penny to bless oneself with** (pot) — bez grosza przy duszy

**in for a penny, in for a pound** (przy) — powiedziało się A, trzeba powiedzieć B

**penny-a-liner** (pot) — pismak, płatny od wiersza

**a penny for your thoughts** — ciekaw jestem, nad czym się zamyśliłeś

**penny wise and pound foolish** (przy) — zwracający uwagę na drobiazgi, a lekceważący rzeczy zasadnicze

**penny dreadful** (pot) — tania powieść kryminalna

**penny-farthing** — rower z jednym małym a drugim dużym kołem

**retirement pension** — emerytura

**people at large** — społeczeństwo

**to be personal** — robić osobiste uwagi (wycieczki osobiste)

**pet name** — imię pieszczotliwe

**pet aversion** — rzecz najbardziej nielubiana

**be under petticoat government** — być pod pantoflem

**to have known s.o. since he was in petticoats** — znać kogoś od pieluszek

**rob Peter to pay Paul** — 1) spłacać jedną pożyczkę przez zaciąganie drugiej; 2) zabrać jednemu a dać drugiemu

**pick-a-back** (pot) — na barana

**pick and choose** — być wybrednym; grymasić

**pick-me-up** (pot) — trunek do dodania animuszu

**in a fine pickle** (pot) — w nieporządku, w opłakanym stanie

**it is no picnic** (pot) — to nie żarty, to nie fraszka

**put s.o. in the picture** — zapoznać kogoś ze sprawą

**the picture (of her mother)** — wykapana (matka)

**go to the pictures** — iść do kina

**eat humble pie** — upokarzać się

**go to pieces** (t) — podupaść na zdrowiu

**pick s.o. to pieces** (pot) — nie zostawić na kimś suchej nitki

**piece-work** — praca na akord

**a piece of luck** — powodzenie

**pigs might fly** (pot) — dzieją się cuda

**to pigeon-hole** — odłożyć sprawę; schować pod sukno

**gild the pill** — osłodzić gorzką pigułkę

**consult one's pillow** — odłożyć decyzję do rana

**have pins and needles** — mieć ciarki

**there is not a pin to choose between them** — są podobni do siebie jak dwie krople wody

**that is where the shoe pinches** (pot) — w tym sęk

when it came to he pinch (pot) — gdy przycisnęła bieda

in the pink (pot) — w doskonałym nastroju; humorze

put that in your pipe and smoke it (pot) — dobrze się nad tym zastanów

little pitchers have long ears (pot) — nie należy o tym mówić przy dzieciach

what a pity! — jaka szkoda!

for pity's sake! — na miłość Boską!

in the first place — po pierwsze, przede wszystkim

have too much on one's plate (pot) — mieć za wiele obowiązków, zajęć

play the game — postępować uczciwie

pay for time — grać na zwłokę

play-boy — zloty młodzieniec

play bo-peep — bawić się w ciuciubabkę

play both ends against the middle — wygrywać obie strony przeciw sobie

play ducks and drakes — szastać pieniędzmi

he is hard to please — trudno mu dogodzić

please yourself! — proszę bardzo! rób, jak ci się podoba!

during the Queen's (King's) pleasure (sąd) — bezterminowe więzienie

plough the sands (pot) — młócić słomę, przelewać z pustego w próżne

line one's pockets — obłowić się, dorobić się

point of order — kwestia formalna

stray from the point — odbiegać od tematu, sedna sprawy

to the point — do rzeczy, na temat

beside the point (not to the point) — nie należący do rzeczy; nie na temat

poke and pry — wszędzie wścibiać swój nos

by he holy poker! (pot) — jak babcię kocham!

poles apart — biegunowo przeciwni

poor thing (pot) — biedactwo

think poorly of s.o. — być ujemnego zdania o kimś

**be positive** (t) — być zupełnie pewnym czegoś
**the pot calling the kettle black** (przy) — przygania
    kocioł garnkowi, a sam smoli
**by return of post** — odwrotną pocztą
**you must take pot-luck** (pot) — czym chata bogata,
    tym rada
**a big pot (wig)** (am **noise, cheese),** (pot) — gruba ryba,
    szyszka
**go to pot** (pot) — pogorszyć się, zrujnować się, zejść
    na psy, na dziady
**keep the pot boiling** — 1) solidnie pracować, by się
    utrzymać; 2) bawić towarzystwo
**a watched pot never boils** (przy) — im bardziej czegoś
    pragnie, tym trudniej się doczekać
**in abject poverty** — w skrajnej nędzy
**poverty is no crime** — ubóstwo nie hańbi
**food for powder** (pot) — mięso armatnie
**exceed one's powers** — wykraczać poza swe upraw-
    nienia, kompetencje
**more power to your elbow!** — powodzenia!
**preach a sermon** — wygłaszać kazanie
**gutter** (am. **yellow) press** — sensacyjna, brukowa prasa
**I am pressed for time** — śpieszy mi się
**Mr. Brown, I presume?** — czy mam przyjemność mó-
    wić z Panem Brown?
**be sitting pretty** (pot) — być w b. korzystnym położeniu
**a pretty pickle** — trudna sytuacja
**every man has his price** — każdego można kupić
    (przekupić)
**in the prime of life** — w kwiecie wieku
**intrude upon s.o.'s privacy** — być niedyskretnym;
    wtrącać się
**in all probability** — według wszelkiego prawdopodo-
    bieństwa
**learned profession** — wolny zawód (zwł. ludzi z wyż-
    szym wykształceniem)

**be profuse in one's apologies** — gęsto się usprawiedliwiać; przepraszać

**promise the earth** — dużo naobiecywać

**promise wonders** — obiecywać złote góry

**of great promise** — obiecujący; dobrze się zapowia-
dający

**man proposes and God disposes** (przy) — człowiek
strzela, Pan Bóg kule nosi

**the proof of the pudding is in the eating** (przy) — to
się okaże w praniu

**writ of protection** — list żelazny; glejt

**you do me proud** (pot) — to dla mnie wielki zaszczyt

**as the proverb goes** — jak mówi przysłowie

**not my province** — to nie moja parafia

**by proxy** — per procura

**prunes and prisms** (pot) — afektacja; krygi

**a public nuisance** — zakłócanie porządku publicznego

**Director of Public Prosecution** (praw) prokurator

**public house (pub)** — piwiarnia; bar; szynk; gospoda

**Public Relation Officer (P.R.O.)** — urzędnik prasowy,
informacyjny

**too much pudding will choke the dog** (przy) — co
zanadto to niezdrowo

**more praise than pudding** (przy) — piękne słowa zamiast wynagrodzenia

**praise above the moon** — wychwalać (wynosić) pod
niebiosa

**pull one's weight** — wykonać zadanie, współpracując
z kimś

**pull s.o.'s leg** (pot) — nabijać się z kogoś; żartować

**pull strings** — wywierać wpływ; protegować kogoś

**pull oneself together** — opanować się, uspokoić się

**capital punishment** — kara śmierci

**punishment is lame but it comes** (przy) — Pan Bóg
nierychliwy, ale sprawiedliwy

**sell s.o. a pup** (pot) — okpić, oszukać kogoś
**I am pushed for time** — pilno mi
**put it down to** — składać na karb czegoś; przypisywać
czemuś

# Q

in the quality of — w charakterze

to qualify as (a doctor) — zdobyć kwalifikacje (doktora)

qualified acceptance — warunkowa zgoda

agreement subject to many qualifications — umowa obwarowana wieloma warunkami

a negligible quantity (t) — człowiek, z którym się nie liczą

unknown quantity (t) — człowiek nieznany, którego postępowania nie można przewidzieć

find quarrel in a straw — być kłótliwym, szukać dziury w całym

fasten a quarrel upon s.o. — kłócić się z kimś, przyczepiać się do kogoś

quarrel with one's bread and butter — działać na własną szkodę, obrażając pracodawcę

pick (seek) a quarrel with s.o. — szukać kłótni (zwady, zaczepki) z kimś

put a quart into a pint pot (make a pint measure hold a quart) — usiłować dokonać rzeczy niemożliwej

quarter-sessions (br sąd) — sąd karny, którego sesje odbywają się co kwartał

not a quarter so good as — daleko mu do, nie umywa się do

from a good quarter — z dobrego (wiarogodnego) źródła

ask for quarter — prosić o łaskę (zwycięzcę)

from every quarter — ze wszystkich stron

at close quarters — 1) blisko, 2) po dokładnym zbadaniu

**come to close quarters** — 1) walczyć wręcz, 2) spotkać
się twarz w twarz

**come the quarter-deck over s.o.** — patrzeć na kogoś
z góry

**Queen Anne is dead** (żart) — Królowa Bona umarła

**when Queen Anne was alive** — za dawnych czasów;
za czasów Króla Ćwieczka

**to be in queer street** — być w trudnej sytuacji ma-
terialnej, w tarapatach

**to queer pitch** — pokrzyżować czyjeś zamiary (plany)

**a queer bird** — dziwak; oryginał; ekscentryk

**in quest of** — w poszukiwaniu czegoś, za czymś

**ask no questions and you'll be told no lies** (przy) —
nie zadawaj pytań, a nie usłyszysz kłamstw

**burning question** — istotne, naglące pytanie

**parry a question** — uchylać się od odpowiedzi, odpo-
wiedzieć na pytanie pytaniem

**floor the question** — potrafić dać odpowiedź na pytanie

**out of the question** — wykluczone; niemożliwe

**beyond all question** — niewątpliwie; oczywiście

**in question** — dany; wymieniony; wspomniany

**beside the question** — nie należący do sprawy, tematu

**the quick and the dead** (arch) — żywi i umarli

**cut (hurt, sting, touch, wound) to the quick** — dotknąć
do żywego

**as quick as a flash** — jak błyskawica, w mgnieniu oka

**have quicksilver in one's veins** — być jak żywe srebro

**on the quiet** (pot) — w ukryciu; w sekrecie

**notice to quit** (praw) — wypowiedzenie mieszkania

**quite so!** — właśnie! akurat! słusznie!

**he is not quite** (pot) — on nie jest dżentelmenem

**to cry quits** — iść na ugodę, kompromis

**omittance is no quittance** — brak upomnienia nie
oznacza skreślenia długu

**a quiver full** (żart) — duża rodzina

# R

**the three R's** (pot) **(Reading, 'Riting, 'Rithmetic)** —
   czytanie, pisanie, arytmetyka, podstawy nauki
**like rabbits in a warren** — jak śledzie w beczce
**be on the rack** — być w stanie niepokoju, naprężenia
**go to rack and ruin** — zginąć, zrujnować się
**stand the racket** — ponosić konsekwencje
**kick up a racket** (pot) — podnieść hałas; awanturować
   się
**what is your racket?** (sl) — czym się zajmujesz? jaki
   twój zawód?
**like a red rag to a bull** — jak czerwona płachta na
   byka
**fly into a rage** — wpaść we wściekłość
**rain or shine** — niezależnie od pogody
**it rains frogs** (pot) — leje; lecą żaby z nieba
**it's raining cats and dogs** (pot) — leje jak z cebra
**it never rains but is pours** (przy) — nieszczęścia chodzą stadami
**for (against) a rainy day** — na czarną godzinę
**raise an issue** — poruszyć sprawę
**raise money** — postarać się o pieniądze
**raise the wind** (pot) — postarać się o pieniądze
**rank and fashion** — wielki świat; wyższe sfery
**other ranks** — szeregowcy i podoficerowie (szeregowi)
**the rank and file** — 1) szeregowcy, 2) szarzy ludzie,
   3) zwyczajni członkowie partii
**hold s.o. to ransom** — żądać okupu; trzymać jako
   zakładnika
**rap s.o.'s fingers (knuckles)** — ukarać; zrugać; dać
   po łapach
**have rats in the attic** (pot) — mieć kiełbie we łbie
**like a drowned rat** — jak zmokła kura
**at any rate** — w każdym wypadku, razie

RAZE

**raze to the ground** — zrównać z ziemią
**be on a razor-edge** — być w niebezpiecznym, krytycznym położeniu
**beyond (out of) reach** — niedostępny, nieosiągalny
**read s.o. a lesson (lecture)** — palnąć komuś kazanie
**read s.o.'s mind** — odgadywać czyjeś myśli
**read oneself to sleep** — czytać do poduszki
**read through** — przeczytać dokładnie, od deski do deski
**read (law) (t)** — studiować (prawo)
**the real thing** — naprawdę dobry towar
**real estate** — majątek nieruchomy; nieruchomości
**really and truly** — naprawdę; rzeczywiście
**as you sow, so you shall reap** (przy) — jak sobie pościelisz, tak się wyśpisz
**bring s,o. to reason** — doprowadzić do rozsądku
**without reason** — bez powodu; ni z tego ni z owego
**reason of state** — racja stanu
**by reason of** — z powodu czegoś
**it stands to reason** — trudno temu zaprzeczyć
**have reason to believe** — mieć powód do przypuszczania
**give reason for** — uzasadniać; usprawiedliwiać
**catch s.o. on the rebound** — wykorzystać u kogoś chwilę słabości
**within my recollection** — za mojej pamięci
**to the best of my recollection** — o ile mnie pamięć nie myli
**off the record** — nieurzędowo; poufnie; prywatnie
**be in the red** — pracować ze stratą; mieć długi
**red tape** — formalistyka; biurokracja
**draw a red herring** (pot) — odwracać uwagę od istoty sprawy
**reduce to the ranks** — zdegradować do szeregowca
**lean on a reed** — budować na piasku
**cross-reference** — odnośnik
**flat (point-blank) refusal** — kategoryczna odmowa

**give my best regards** — proszę przekazać wyrazy szacunku

**in the region of (£200)** — około (£200)

**bear no relation** — nie mieć nic wspólnego z

**live on one's relatives** — żyć na utrzymaniu krewnych

**it remains to be seen** — jeszcze się zobaczy

**the remedy is worse than the disease** — lekarstwo gorsze od choroby

**remember me to him** — kłaniaj się mu ode mnie

**that reminds me** — przychodzi mi do głowy; przypominam sobie; à propos

**beyond repair** — nie nadający się do naprawienia

**in good repair** — w dobrym stanie

**in bad repair** — w złym stanie, popsuty

**comply with s.o.'s request** — zadośćuczynić czyjejś prośbie

**be in great request** — mieć wzięcie; cieszyć się dużym popytem

**new year's resolution** — postanowienie noworoczne

**the last resort** — ostatnia instancja; deska ratunku

**God rest his soul!** — wieczny odpoczynek racz mu dać, Panie!

**you may rest assured** — możesz być pewny

**beat a retreat** — wycofać się

**many happy returns (of the day)** — serdeczne życzenia urodzinowe, imieninowe

**return game** — rewanż (np. w szachach)

**take revenge on** — zemścić się na

**without rhyme or reason** — ani ładu ani składu; ni w pięć ni w dziewięć; ni przypiął ni przyłatał

**smite s.o. under the fifth rib** (żart) — wymierzyć śmiertelny cios

**good riddance** (pot) — nareszcie pozbyć się kogoś; baba z wozu, koniom lżej

**ride for a fall** — pędzić na złamanie karku; szukać guza

**ride roughshod over s.o.** — nie liczyć się z niczym; iść do celu po trupach

**ride to hounds** — polować (z psami)

**assert one's rights** — bronić swych praw, interesów

**be in the right** — mieć rację, słuszność

**(how) right you are** — słusznie; masz zupełną rację

**how dead right you are** (pot emf) — j. w.

**by right** — według prawa; z tytułu prawa

**right of way (praw)** — prawo przechodzenia przez grunta

**right away (off)** — natychmiast; bezzwłocznie

**right now (am)** — zaraz

**on the right side of (50)** — poniżej (50 lat)

**give a ring** (t) — telefonować

**Rip Van Winkle** (lit) — osoba zacofana

**rise with the lark** — wstawać o świcie

**rise to the occasion** — stanąć na wysokości zadania

**calculated risk** — przemyślane i obliczone ryzyko

**sell s.o. down the river** — wydać kogoś, zdradzić, oszukać

**middle of the road** (t) — umiarkowany kierunek (polityczny etc)

**one for the road** (pot) — strzemienne (wypić)

**highway robbery** — rozbój na równej drodze

**be on the rocks** (pot) — zbankrutować, być w trudnościach

**spare the rod and spoil the child** (przy) — rózeczką Duch Święty dziateczki bić radzi

**a rod in pickle** — kara czekająca na kogoś

**kiss the rod** — potulnie przyjąć karę

**make a rod for one's own back** — kręcić bicz na siebie samego

**rogues' gallery** — policyjny album przestępców

**set a stone rolling** — wywołać wilka z lasu

**roly-poly** (pot) — pulchny; kluseczka

**do in Rome as the Romans do** (przy) — jeśli wlazłeś między wrony, musisz krakać jak i one

**room and to spare** — dużo miejsca

**root and branch** — całkowicie

**be at the end of one's rope** — gnać resztkami sił, w piętkę

**give s.o. rope enough to hang himself** (pot) — nie przeszkadzać komuś, kto sobie sam szkodzi

**give s.o. more rope** — dać komuś wolną rękę; nie wtrącać się

**under the rose** — w tajemnicy; w zaufaniu

**English rose** — typowa piękna Angielka

**tommy rot** (pot) — bzdura, nonsens

**rotten to the core** — do gruntu zepsuty

**get by rote** — nauczyć się na pamięć

**crop rotation** — płodozmian

**rough and ready** — gruby; szorstki; nieociosany; nie bardzo dokładny, lecz praktyczny; na oko

**give s.o. (a lick with) the rough side of one's tongue** (pot) — zwymyślać kogoś, zbesztać, zmyć głowę

**the rough and the smooth** — trudności i powodzenie; na wozie i pod wozem

**a rough guess** — na oko; w przybliżeniu

**taking it all round** — biorąc wszystko pod rozwagę (uwagę)

**round robin** — petycja z podpisami w kole, by nie można było ustalić kto jest jej inicjatorem

**round the corner** (pot) — blisko; już tuż; wkrótce

**what's the row about?** (pot) — o co chodzi? co za hałas?

**more royal than the King** — bardziej katolicki od Papieża

**rub elbows with s.o.** — bywać w czyimś towarzystwie

**rub s.o. up the wrong way** — gładzić kogoś pod włos

**as a rule** — zwykle; z reguły

**rule the roost** — rządzić innymi (jak szara gęś)

**rule of thumb** — domowym sposobem; niedokładnie; praktyczna reguła

**work to rule** — strajk polegający na zwolnieniu tempa pracy przez drobiazgowe przestrzeganie przepisów
**run to earth** — dojść do sedna rzeczy; znaleźć coś po długich poszukiwaniach
**run across s.o.** — spotkać kogoś przypadkowo
**in the long run** — na dalszą metę; w ostatecznym wyniku
**run with the hare and hunt with the hounds** (przy) — siedzieć na dwóch stołkach
**on the run** — uciekający (zw. ścigany przez policję)
**run amuck (amok)** — biegać jak szalony, nawiedzony szałem
**run high** — podniecać się; denerwować się
**make the runnig** — przewodzić; grać pierwsze skrzypce
**runner-up** (sport) — drugi z kolei zwycięzca

# S

**sabbatical year** — co siódmy rok wolny od wykładów (u profesorów na niektórych uniwersytetach w Stanach Zjednoczonvch)

**get the sack** (pot) — zostać zwolnionym z pracy; pójść na zieloną trawkę; dostać kosza

**give s.o. the sack** (pot) — wylać kogoś z pracy

**in sad earnest** — zupełnie poważnie, na serio

**a sadder and wiser man** — mądry Polak po szkodzie

**put the saddle on the wrong horse** (pot) — kierować zarzuty pod mylnym adresem

**be on the safe side** — działać na pewniaka; nie narażać się na ryzyko; postępować rozważnie

**safe and sound** — zdrów i cały

**for safe keeping** — na przechowanie

**play for safety** — szukać bezpieczeństwa; unikać wszelkiego ryzyka

**he is a good sailor** (prze) — on dobrze znosi podróż morską

**salad days** — szczenięce (młode) lata

**eat a peck (bushel) of salt with s.o.** — zjeść z kimś beczkę soli

**I'm not of salt** (pot) — nie jestem z cukru; nie rozpuszczę się na deszczu

**all the same** — a jednak; bez różnicy; nie patrząc na to; tym niemniej

**of the same stamp** — tego samego rodzaju, gatunku

**much the same** — zupełnie taki sam

**the same to you!** — nawzajem! (odpowiedź na życzenia)

**twist a rope of sand** — kręcić bicze z piasku

**sandwich-man** — osoba chodząca po ulicach z reklamami na dwóch tablicach, jedna z przodu, druga z tyłu

**I am satisfied** (t pot) — jestem syty, najedzony
**I am satisfied** (t) — stwierdziłem; przekonałem się
**not to have a sausage** (sl) — nie mieć grosza przy
   duszy; nie mieć pojęcia
**what is sauce for the goose is sauce for the gander**
   (przy) — trzeba wszystkich mierzyć tą samą miarą
**save one's bacon (hide, carcass, skin)** — ratować własną skórę
**save and except** (arch) — z wyjątkiem
**saving your reverence** (arch) — uczciwszy uszy
**before one could say Jack Robinson (knife)** (pot) —
   w oka mgnieniu
**I say!** — czyżby? oto masz! masz ci! nieźle! doskonale! brawo! proszę pana!
**say-so** (pot am) — decyzja; zdanie
**you don't say so!** — czyżby?
**you don't say!** (pot am ir) — niemożliwe!
**so to say (speak)** — że tak powiem
**I should say** — uważam; sądzę
**it goes without saying** — to oczywiste; nie ma dwóch
   zdań; samo się przez się rozumie
**that is to say . . .** — to jest . . .
**you said it** (am sl) — słusznie; racja
**have a say in the matter** — mieć wpływ; brać udział
   w załatwianiu sprawy
**to say the least** — mówiąc bez przesady
**wear scent** — być naperfumowanym
**put off the scent** — zbić z tropu
**boarding-school** — szkoła z internatem
**finishing-school** — szkoła dla dziewczyn dla dodania
   poloru towarzyskiego
**public school** (am) — szkoła publiczna
**public school** (ang) — szkoła prywatna (nieraz b.
   ekskluzywna)
**school fees** — czesne, opłata szkolna
**school of thought** — szkoła naukowa; teoria
**scissors and paste** — kompilacja

**scot-free** — bez kosztów; bez szwanku
**come off scot-free** — ujść cało; uniknąć kary
**pay s.o. scot and lot** (pot) — zapłacić komuś w całości; oddać z nawiązką
**a score** — (arch) 20
**two score and ten** (arch) — 50
**three score and ten** (arch) — 70
**from scratch** — od postaw; z niczego; od samego początku
**your scratch my back and I'll scratch yours** (przy) — usługa za usługę; wzajemne chwalenie się; ręka rękę myje
**scum of the earth** — szumowiny; wyrzutki społeczne
**his doom is sealed** — jego los jest przesądzony
**high seas** — otwarte morze (poza pasem wód terytorialnych)
**to second** (t) — popierać wniosek; przemawiać za wnioskiem
**second to none** — nie ustępujący nikomu
**second-best** — gorszej jakości
**top secret** — ściśle tajny
**open secret** — tajemnica publiczna
**secret service** — wywiad
**Secretary of State** (br pol) — minister (np. Home Secretary, Secretary of State for Foreign Affairs, lecz Minister of Transport, Postmaster General)
**lull s.o. into security** — uśpić czujność
**security risk** — osoba niegodna zaufania (np. jeśli chodzi o tajemnice państwowe)
**let s.o. see s.t.** — pokazać komuś coś
**see the back of s.o.** — pozbyć się kogoś
**see things** — miewać widzenia; być jasnowidzem
**see red** — rozzłościć się; stracić panowanie nad sobą
**see what I mean?** — rozumiesz, o co mi chodzi?
**we shall see what we shall see** (pot) — na dwoje babka wróżyła
**see you** (pot) — dowidzenia

see you tomorrow! — do jutra!

see s.t. in its true colours — widzieć we właściwym świetle

he saw stars (pot) — on zobaczył wszystkie gwiazdy; świeczki mu w oczach stanęły

let me see — pokaż; zaczekaj; niech się zastanowię

it remains to be seen — to jeszcze pytanie; zobaczymy

come and see me — wpadnij do mnie; zajdź do mnie

as far as I can see — o ile rozumiem; o ile się orientuję

see about (after, to) s.t. — dopilnować czegoś

I'll see to it — moja w tym głowa; ja to załatwię

I see your point — rozumiem, o co ci chodzi; zgadzam się z tobą

I see! (pot t) — rozumiem! ach, tak!

see little of s.o. — rzadko kogoś spotykać

see one's way — czuć się zdolnym do ...

seeing is believing — zobaczyć to uwierzyć

the quarrel was not of my seeking — nie ja szukałem zwady (kłótni)

selective ignorance — dobrze rozumieć to, co jest korzystne dla siebie, a udawać, że się nie rozumie czegoś, co jest niewygodne

my better self — lepsza część mej natury (mego charakteru)

my second self — mój sobowtór

my former self — to czym dawniej byłem

sell like hot cakes (pot) — szybko sprzedawać towar, cieszący się dużym popytem

they are selling like hot cakes — to pokupny (chodliwy) towar

sell for a song (pot) — sprzedać b. tanio; za grosze, psie pieniądze

best-seller — książka ciesząca się dużym powodzeniem (rozchwytywana, pokupna)

send one's love to s.o. (kor) — zasyłać serdeczności, uściski, ucałowania

**he is my senior** — on jest starszy ode mnie (wiekiem, stopniem)

**in one's senses** — przy zdrowych zmysłach

**come to one's senses** — przyjść do rozumu

**make sense** — być zrozumiałym; mieć sens

**civil servant** — urzędnik państwowy

**serve with the same sauce** — odpłacić pięknym za nadobne

**it serves him right** — dobrze mu tak; zasłużył na to

**smart set** — elegancki świat

**fair (softer, weaker) sex** — płeć piękna

**rougher (sterner, stronger) sex** — płeć brzydka

**be a shadow of one's former self** — zamienić się w cień

**beyond the shadow of a doubt** — bez cienia wątpliwości

**he shakes in his shoes** (pot) — łydki pod nim się trzęsą

**shake like as aspen leaf** — drżeć jak liść osiki

**no great shakes** (am pot) — nic nadzwyczajnego

**shame! shame on you! for shame!** — wstyd! hańba! wstyd i hańba!

**be lost to shame** — być pozbawionym wstydu

**in bad shape (in good shape)** (przen) — w złym (dobrym) stanie

**to be too sharp for s.o.** (pot) — przechytrzyć kogoś

**to have a close (narrow) shave** (pot) — cudem ujść cało

**black sheep** — parszywa owca; zakała

**clean sheet** — dobra opinia; reputacja

**it comes down in sheets** (pot) — leje jak z cebra

**to lay on the shelf** — schować pod sukno

**shilly-shally** (pot) — i chcieć i nie chcieć; wahać się; (i chciałby i boi się)

**take the shine out of** (pot) — zakasać; zaćmić

**put up one's shingle** (am pot) — wywiesić tabliczkę na drzwiach (lekarz, adwokat etc)

**black ship** — statek, który robotnicy portowi odmawiają rozładowywać (ładować)

**when my ship comes home** — kiedy się dorobię (wzbogacę)

**ships that pass in the night** — przelotne znajomości

**shipshape and Bristol fashion** — (pot) — we wzorowym porządku

**near is my shirt but nearer is my skin** (przy) — bliższa koszula ciału

**keep one's shirt on** (sl) — nie denerwować się

**give s.o. a wet shirt** — zamęczyć kogoś na śmierć; zmordować kogoś

**be in s.o.'s shoes** — być w czyimś położeniu, w czyjejś skórze

**on a shoe-string** (am pot) — z małym kapitałem zakładowym

**fill s.o.'s shoes** — zastąpić kogoś w pracy

**that's another pair of shoes** — to inna para kaloszy

**dead man's shoes** — spadek po kimś; miejsce (pracy) po kimś

**that's where the shoe pinches!** — tu go boli! w tym sęk!

**shake in one's shoes** — drżeć (trząść się) ze strachu

**die in one's shoes** — umrzeć śmiercią gwałtowną

**shoe a goose** (pot) — marnować czas, wysiłki

**I'll be shot, if ...** — niech mnie kule biją (niech trupem padnę), jeśli ...

**closed shop** — zakład pracy przyjmujący tylko członków związków zawodowych

**open shop** — (przeciwieństwo tego co wyżej)

**talk shop** — mówić o sprawach zawodowych

**sink the shop** — zapomnieć na pewien czas o sprawach zawodowych

**come to the wrong shop** (prze) — zwrócić się pod niewłaściwy adres

**for short (in short)** — krótko; w skrócie; krótko mówiąc

**fall short of expectations** — zawieść oczekiwania, nadzieje

**fall short of** — nie osiągnąć czegoś

**everything short of** ... — wszystko prócz (z wyjątkiem) ...

**I run short of (nails)** — kończą mi się (gwoździe); zabrakło mi (gwoździ)

**I am short of s.t.** — brakuje mi czegoś; mam za mało czegoś

**short cut** — najkrótsza droga, metoda; naprzełaj; skrót

**nothing short of** — tylko; nic innego, jak tylko

**short-circuit** — 1) krótkie spięcie (elektryczne), 2) pominięcie formalności biurokratycznych

**in short order** (am pot) — migiem; błyskawicznie

**big shot (noise)** (am pot) — szyszka; gruba ryba; dygnitarz

**a shot in the dark** — zgadywanie na chybił trafił

**like a shot** (pot) — piorunem; szybko

**shoulder to shoulder** — ramię przy ramieniu

**rub shoulders with s.o.** (pot) — przebywać w czyimś towarzystwie; ocierać się o kogoś

**straight from the shoulder** — otwarcie; szczerze; prosto z mostu

**show off** — popisywać się (zwł. o dzieciach)

**good show!** (pot) — brawo! doskonale! winszuję!

**show-down** (pot) — próba sił; kłótnia

**let the whole show down** (pot) — zaprzepaścić sprawę

**shut one's mouth** (pot) — trzymać język za zębami

**shut up!** (sl) — stul pysk! zamknij jadaczkę!

**shut your mouth and you'll catch no flies** (pot) — nie pchaj palca między drzwi

**it makes me sick** (pot) — obrzydło mi

**I am sick of it** (pot) — mam tego dość; mam tego po dziurki w nosie

**be on the sick list** — być na urlopie zdrowotnym

**on the side** (pot) — w dodatku; również

on the shady (wrong) side of forty (pot) — po czterdziestce

side by side — obok siebie; ramię przy ramieniu

side line (t) — poboczne zajęcie

change sides — zmienić pogląd; przejść na inną stronę (zwł. do innej partii politycznej)

the other side of the coin — odwrotna strona medalu

on the spear side — po mieczu

on the distaff side — po kądzieli

to know by sight — znać z widzenia

out of sight, out of mind (przy) — co z oczu, to z
pamięci

make a sight of oneself — popisywać się, wystawiać
się na pośmiewisko

sign on the dotted line — podpisywać pod przymusem;
zgodzić się z faktem dokonanym

sign and countersign (woj) — hasło i odzew

stare into silence — zmusić do milczenia wzrokiem

silver collection — zbiórka pieniędzy (po imprezie)

half-sister — siostra mleczna, przyrodnia

it is six of one and half a dozen of the other (przy) —
nie kijem to pałką; na to samo wychodzi

skeleton army — armia kadrowa

skeleton key — passepartout; wytrych

skeleton map — ślepa mapa; kontur

skeleton at the feast — zmora psująca zabawę

skeleton staff — kadrowy personel

the skeleton in the cupboard (am closet) — przykra
tajemnica rodzinna ukrywana przed obcymi

by the skin of one's teeth — z trudem; ledwie; cudem;
w ostatniej chwili

jump out of one's skin — wyłazić ze skóry

skin a flea for its hide — zdzierać skórę z pchły
(szczyt skąpstwa)

a bit of skirt (pot) — spódniczka; kobieta

if the sky falls we shall catch larks (przy) — nie
ma tego złego, co by na dobre nie wyszło

**slap-dash** (ono) — na chybcika; na łapu capu
**slap-bang** (ono) — na łeb na szyję; z hałasem
**put to sleep** (pot) — uśpić; uśmiercić chore zwierzę
**sleep rough** (pot) — spać poza domem, na ławce w
  parku, pod mostem, w stogu siana etc.
**sleep like a top** (pot) — spać jak suseł
**sleep on the matter** — odłożyć decyzję do rana
**have s.t. up one's sleeve** — mieć coś w zanadrzu
**laugh up one's sleeve** — śmiać się w kułak
**slip of the pen** — przepisanie się
**slip of the tongue** — przemówienie się
**dead slow** — b. wolno; stępa
**small beer** (pot) — drobiazgowi; mali ludzie
**small fry** (pot) — płotki; osoby nic nie znaczące
**smart alec (aleck)** — przemądrzały; wszystko wiedzący
**smash to smithereens** (pot) — rozbić w miazgę; na
  drobny mak
**smash-and-grab raid** — kradzież z rozbitej szyby
  wystawowej
**smell a rat** (pot) — wywąchać pismo nosem; wykryć
  coś podejrzanego
**be all smiles** — być bardzo zadowolonym; promienio-
  wać uśmiechem
**ghost of a smile** — ledwie dostrzegalny uśmiech
**have a smattering of s.t.** — znać piąte przez dziesiąte,
  po łebkach; liznąć czegoś; mieć zielone (blade)
  pojęcie o czymś
**from smoke into smother** — z deszczu pod rynnę
**like smoke** — jak po maśle
**where there's smoke there's fire** (przy) — nie ma dymu
  bez ognia
**heavy smoker (chain smoker)** — nałogowy palacz
**smoking-room story** — opowiadanie (anegdota) tylko
  dla palących
**smooth as a baby's bottom** (pot) — 1) gładko ogolony,
  2) bez wyrazu
**at a snail's pace** (pot) — żółwim krokiem

**snake in the grass** (pot) — ukryte niebezpieczeństwo; zdradliwa osoba

**not a snap** (pot) — wcale; ani odrobiny

**snap solution (decision)** — pochopne rozwiązanie

**not to be sneezed at** (pot) — nie można tego lekceważyć; nie byle kto; nie w kij dmuchał

**as snug as a bug in a rug** (pot) — przytulnie, jak u Pana Boga za piecem

**is that so?** — czyżby? naprawdę?

**just so** — właśnie; mianowicie; słusznie

**so be it** — niech tak będzie

**so and so** — osoba taka a taka

**so-so** (pot) — tak sobie; znośnie

**so long** (am) — dowidzenia

**soft soap** (pot) — pochlebstwo; wazelina

**as sober as a judge** — bardzo trzeźwy

**armchair socialist** — socjalista salonowy

**gas-and-water socialism** — mało radykalny socjalizm

**friendly society** — towarzystwo wzajemnej pomocy

**mutual admiration society** — towarzystwo wzajemnej adoracji

**pull up your socks!** (pot) — weź się do kupy!

**soft (sweet) nothings** (pot) — miłosne szczebiotanie; rozmowa o niczym

**have a soft spot in one's heart for s.o.** — czuć słabość, wielką sympatię do kogoś

**(this is) some speech!** — to dopiero mowa!

**there is s.t. in it** — w tym jest coś z prawdy

**son of a bitch** (sl) — sukinsyn

**son and heir** — starszy syn; jedyny syn

**for a song** (pot) — tanio, za psie pieniądze

**no sooner ...** — zaledwie ... gdy

**no sooner said than done** — powiedziano, zrobiono

**easier said than done** — łatwiej to powiedzieć, niż zrobić

**I am sorry** — przepraszam; niestety; przykro mi

**sorry for oneself** — litujący się nad sobą samym

**feel sorry for s.o.** — współczuć z kimś

**he is my sort** — on mi odpowiada

**nothing of the sort** — nic podobnego

**what sort of?** — jaki? co za jeden? co zacz?

**upon my soul** — słowo honoru; przysięgam

**as sound as a bell** — zdrów jak ryba, rydz

**not a soul** — ani żywej duszy

**in the soup** (pot) — w trudnym położeniu

**have (get) the wrong sow by the ear** (pot) — źle trafić, pod złym adresem; oskarżać, ganić niewłaściwą osobę

**sow one's wild oats** — prowadzić wesołe, lekkomyślne życie za młodu

**can you spare me a few minutes?** — czy możesz mi poświęcić kilka minut?

**broadly speaking** — ogólnie mówiąc (biorąc)

**strictly speaking** — ściśle mówiąc

**in a manner of speaking** — jeśli można tak powiedzieć

**plain speaking** — otwarcie, szczerze, bez ogródek

**not to be on speaking terms with s.o.** — nie rozmawiać z kimś (po kłótni, zerwaniu)

**King's (Queen's) Speech** (parl br) — mowa tronowa na otwarcie sesji Parlamentu

**make a speech** — wygłosić przemówienie

**cast a spell on s.o.** — oczarować; rzucić urok na kogoś

**under a spell (spellbound)** — zaczarowany, oczarowany

**heavy spender** — rozrzutny; utracjusz

**spick and span** — nowiutki; czyściutki; elegancki

**spill the beans** (sl) — wygadać się; zdradzić sekret

**spindle side** — linia po kądzieli (po matce)

**be in low spirits (out of spirits)** — być w złym nastroju, przygnębionym

**high spirits** — dobry, podniosły nastrój

**spirituals (Negro spirituals)** (am) — piosenki religijne Murzynów amerykańskich

**spit it out** (pot) — przyznaj się!

**split (burst) one's sides** — zrywać boki ze śmiechu

**on the spot** — na miejscu, bez zwłoki

**good sport** (pot) — osoba towarzyska, przegrywająca z uśmiechem na ustach

**spoil-sport** (pot) — osoba psująca zabawę

**all square!** (pot) — kwita! dobrze! zgoda!

**we will call it square** (pot) — skwitowaliśmy się, sprawa załatwiona

**square deal** — uczciwa gra, postępowanie

**to square the circle** — rozwiązać problem kwadratury koła

**squire of dames** (arch) — bawidamek; kobieciarz

**stained glass** — witraż

**... is at stake** — chodzi o...

**make (take) a stand against** — stawiać opór, sprzeciwiać się

**come to a stand** (arch) — zatrzymać się

**stand and deliver!** — pieniądze lub życie!

**stand s.o. in good stead** — okazać się pomocnym dla kogoś

**it stands to reason** — to jest oczywiste, jasne, rozsądne

**Stars and Stripes** — państwowy sztandar Stanów Zjednoczonych

**it was in the stars** — los tak chciał; to było sądzone

**state of emergency** — pogotowie; stan wyjątkowy

**in state** — uroczyście; z pompą

**lie in state** — być wystawionym na widok publiczny (trumna)

**sweeping statement** — uogólnienie; ogólnikowe twierdzenie

**station (t)** — pozycja życiowa; stan; zawód

**police station** — posterunek policji

**station-house** (am) — posterunek policji

**status symbol** — symbol bogactwa lub stanowiska (np. duży samochód, willa etc)

**stay put** — nie ustępować; nie ruszać się z miejsca

**steal the show** — ściągać na siebie uwagę

**by stealth** — ukradkiem, pokryjomu

**let (blow off) steam (pot)** — ulżyć sobie; dać upust energii

**use a steam hammer to crack a nut** — strzelać z armat do wróbli

**dog s.o.'s steps** — śledzić kogoś, deptać komuś po piętach

**in step (keep step)** — iść w nogę; trzymać krok

**out of step** — nie w nogę

**watch your step** — ostrożnie

**step by step** — krok za krokiem; stopniowo

**sterling (t)** — solidny, rzetelny

**be in a stew (pot)** — być w trudnej sytuacji

**get hold of the wrong end of the stick (pot)** — pomylić się co do osoby; zrozumieć na opak

**stick it out (pot)** — wytrzymać; przetrwać

**stick to s.o. like a bur (leech) (pot)** — przyczepić się do kogoś jak pijawka

**as stiff as a poker** — sztywny jakby kij połknął

**in the still of the night** — wśród nocnej ciszy

**the sting is in the tail** — nieprzyjemność czeka na końcu

**not a stitch (without a stitch on)** — zupełnie nagi

**a stitch in time saves nine (przy)** — zeszyj dziurkę, póki mała

**out of stock** — brak na składzie, w sklepie (o towarach)

**stock in trade** — inwentarz towarów, zapasy

**take stock** — 1) przeprowadzić inwentaryzację, 2) krytycznie oceniać swe położenie

**that goes against his stomach** — on tego nie znosi, nie trawi, nie cierpi

**it makes my stomach turn flips (sl)** — żołądek mi podchodzi do gardła

**leave no stone unturned** — poruszyć niebo i ziemię, zastosować wszystkie środki

**rolling stone (t)** — obieżyświat

a **rolling stone gathers no moss** (przy) — częsta zmiana miejsca nie opłaca się

**within a stone's throw** — tuż; blisko

**to stoop to conquer** — ustąpić, by ostatecznie zwyciężyć (fr. reculer pour mieux sauter)

**stop it!** (pot) — przestań! dosyć tego!

**stop-press** — wiadomość drukowana na marginesie gazety po zamknięciu numeru

**in cold storage** (dosł w chłodni), (przen) — pod suknem

**storm in a tea-cup** — burza w szklance wody

**brain-storm** — wstrząs duchowy

**tell stories** (t) — zmyślać; kłamać

**the story does not bear repeating** — historia nie nadaje się do powtórzenia

**there is a story afloat** — chodzą pogłoski, że...

**that is another story** — a to zupełnie inna sprawa

**cock and bull story** — bajka o żelaznym wilku, duby smalone

**tall story** — zmyślona, niestworzona historia

**as the story runs (goes)** — jak opowiadają

**stow away** — jechać na gapę, bez biletu

**go straight** — ustatkować się; zmienić się na lepsze

**keep straight** — być uczciwym; dobrze się zachowywać

**straight as a dog's hind leg** (pot żart) — proste jak palec

**strain every nerve** — wytężać wszystkie siły

**a perfect stranger** — zupełnie obca, nieznana osoba

**you are quite a stranger** (pot) — pan zapomniał o nas, nie łaskaw na nas; kopę lat nie widzieliśmy się

**I am a stranger here** — jestem nietutejszy

**like a blue streak** (pot) — błyskawicznie, piorunem

**not up my street** (pot) — to mnie nic a nic nie obchodzi; to nie moja parafia

**not to be in the same street with** — nie umywać się się do kogoś

**lay stress on s.t.** — podkreślić coś, przywiązywać duże znaczenie

**get into one's stride** — rozpocząć pracę; zabrać się do roboty

**make (great) strides** — robić dobre postępy

**strike oil** (pot) — osiągnąć powodzenie

**have a string to it** — usługa uwarunkowana wzajemnymi świadczeniami

**no strings attached** — usługa niczym nie uwarunkowana

**student** (t) — badacz (np. student of history — badacz historii)

**stuff and nonsense** — brednie, bzdura

**that's the stuff!** (pot) — oto właśnie! o to mianowicie chodzi!

**in style** — wystawnie, z fasonem

**change (drop) the subject** — zmienić temat rozmowy

**wander from the subject** — odchylać się od tematu

**nothing succeeds like success** — jeden sukces pociąga za sobą drugi

**such as** — na przykład

**such being the case** — jeśli sprawa tak się przedstawia

**all of a sudden** — nagle; ni z tego ni z owego

**all sugar and honey** — nieszczery, obłudny człowiek

**suit yourself** — rób jak chcesz

**suit one's book** — odpowiadać czyimś zamiarom, planom

**in sum** — ogólnie, krótko mówiąc, reasumując

**lump sum** — okrągła kwota

**a tidy sum** — sporo pieniędzy

**Indian (St. Martin's) summer** — babie lato

**sums** (pot szk) — arytmetyka

**good at sums** — dobry w rachunkach

**Sunday best** — ubranie odświętne

**with a superior air** — dumnie, z miną wyższości

**you are supposed to** — do ciebie należy, musisz (uczynić)

**sure as death and taxes** (pot) — nieuniknione jak
śmierć i podatki
**make sure** — upewnić się, przekonać się
**stand surety for** — ręczyć za kogoś (np. przez złożenie
kaucji)
**on the surface** — na pierwszy rzut oka, pozornie
**house surgeon** — lekarz mieszkający w szpitalu
**take s.o. by surprise** — zaskoczyć kogoś
**swallow s.t. hook, line and sinker** (pot) — dać się
nabrać na coś
**swear by bell, book and candle** (pot) — przysięgać
na wszystko
**swear like a trooper** — kląć jak szewc
**the sweets and the bitters of life** — radość i smutki;
blaski i cienie; na wozie i pod wozem
**how sweet of you!** (pot) — jak miło z twej strony!
**swell like a turkey cock** — pysznić się jak paw
**swim like a stone** (pot żart) — pójść na dno jak
siekiera (po siekiersku do dna)
**be in the swim** — być obeznanym ze sprawami; trzymać rękę na pulsie
**in full swing** — w pełnym ruchu
**swing the lead** (pot) — przesadzać, zmyślać, symu-
lować
**to swing for s.t.** (sl) — być powieszonym za coś
**what you lose on the swings, you gain on the round-
abouts** (przy) — na jednej transakcji się traci,
na drugiej zarabia

# T

**keep the table amused** — bawić towarzystwo przy stole

**at the head of the table** — na honorowym miejscu przy stole

**the tables are turned** — położenie zmieniło się; nastąpiła zmiana dekoracji

**keep a good (open) table** — żyć zamożnie; prowadzić dom otwarty; prowadzić dobrą kuchnię

**tackle a task (situation)** — usiłować rozwiązać zagadnienie; wyjść z położenia

**tagrag and bobtail** — szumowiny; zbieranina; hołota

**get one's tail up** (pot) — być w dobrym nastroju

**turn tail** — uciekać; dać nogę

**tail up!** (pot) — głowa do góry!

**tails** (t) — frak

**the tailor makes the man** (przy) — jak cię widzą, tak cię piszą

**tailor's dummy** (dosł. manekin) (pot) — przesadnie elegancko ubrany

**take s.t. for granted** — 1) przyjąć jako pewnik, 2) coś co się komuś należy

**take too much for granted** — być zbyt pewnym siebie

**take the bad with the good** — znosić pogodnie kaprysy losu

**take s.o. to task** — zmyć komuś głowę; skarcić kogoś; wziąć do galopu

**to take after one's (father)** — odziedziczyć cechy (po ojcu)

**take s.o. down a peg (or two)** (pot) — upokorzyć kogoś; przytrzeć rogów

**you may take it from me** — to prawda; proszę mi wierzyć

**take a fancy to s.o.** — polubić kogoś; poczuć sympatię

**take it or leave it** — możesz się zgodzić lub nie

**take your time** — nie spiesz się

**take the wind out of s.o.'s sails** — zniweczyć czyjeś wysiłki, zamiary

**take to s.t.** — przyzwyczaić się; oddać się nałogowi

**take to s.t. like a duck to water** — chętnie podjąć się czegoś; czuć się w swoim żywiole

**old wives' tale** — niestworzona historia; bujdy; bzdury

**tell tales out of school** — zdradzać sekrety szkolne (nie mów, co się działo w szkole, choćby cię smażono w smole)

**talk at large** — mówić wylewnie

**big talk** — przesada; samochwalstwo

**small talk** — rozmowa towarzyska o niczym, o pogodzie etc.

**heart-to-heart talk** — szczera rozmowa

**talk through one's hat** (pot) — pleść głupstwa

**man-to-man talk** — jak mężczyzna do mężczyzny (rozmowa)

**talk of the town** — przedmiot rozmów wszystkich: modny temat

**talk at s.o.** — pić do kogoś; mieć kogoś na myśli

**talk out of the corner of one's mouth** — mówić półgębkiem

**talk nineteen to the dozen** (pot) — mleć językiem; nie dać nikomu przyjść do słowa

**talk back** (pot) — odpowiadać impertynencko

**you can talk your head off** (pot) — gadaj sobie zdrów

**talk s.o.'s head off** (pot) — zmęczyć kogoś rozmową

**talk shop** (pot) — mówić o sprawach zawodowych; interesach podczas ogólnej towarzyskiej rozmowy

**talk at cross purposes** — kłócić się na skutek nieporozumienia

**talk at random** — paplać; gadać, co ślina do ust przyniesie

**talk s.o. into s.t.** — wmówić w kogoś, namówić do

**talk to s.o. like a Dutch uncle** (pot) — prawić (palnąć) komuś kazanie

**talk oneself out of breath** — zmęczyć się mówieniem

**talk turkey** (pot) — mówić na serio, do rzeczy, wykładać kawę na ławę

**talk of the devil and he will appear** (przy) — o wilku mowa, a wilk tuż

**big talkers are little doers** (przy) — krowa, co dużo ryczy, mało mleka daje

**go off at a tangent** (pot) — odbiegać od tematu

**tarred with the same brush** — ludzie podobni do siebie; dobrali się jak dwa ziarnka w korcu maku

**to catch a Tartar** — złapał Kozak Tatarzyna, a Tatarzyn go za łeb trzyma

**task force** (woj) — oddział specjalnego przeznaczenia

**in bad taste** — nietaktowne; w złym stylu

**beat the devil's tattoo** (pot) — bębnić palcami w stół

**high (meat) tea** — herbata z dobrym (mięsnym) posiłkiem

**teach s.o. a thing or two** — nauczyć kogoś rozumu

**wink back one's tears** — mrugać oczami, by pohamować łzy

**squeeze out a tear** — udawać płacz

**burst into tears** — zalewać się rzewnymi łzami

**tears came to his eyes** — łzy stanęły mu w oczach

**on technical grounds** — ze względów formalnych

**teddy boy** — rozrabiacz; bikiniarz

**teen-ager** — osoba w wieku od 13 do 19 lat; naścielatek

**girl in her teens** — podlotek

**boy in his teens** — podrostek; wyrostek

**teeny—weeny** (pot) — malutki

**be on the telephone** — 1) mieć telefon w domu; 2) rozmawiać przez telefon

**false teeth** — proteza; sztuczne zęby

**set s.o.'s teeth on edge** — działać komuś na nerwy

**by the skin of one's teeth** — o włos (np. uniknąć czegoś)

**teething troubles** — (dosł — ząbkowanie) (przen) trudności początkowe

**how do you tell?** (pot) — skąd o tym wiesz? jaki jest wyrok? (formuła sędziego do ławy przysięgłych)

**I tell you what** (pot) — wiesz co?

**tell it to the marines** (żart) — proszę nie bujać; bujać to my, ale nie nas

**tell s.t. flat** — (pot) — powiedzieć szczerze, bez ogródek

**you never can tell** — kto wie; nigdy nie wiadomo

**tell-tale** (pot) — plotkarz; skarżypyta

**tell the future** — wróżyć; przepowiadać

**you're telling me!** (pot) — doskonale o tym wiem!

**tell off** (pot) — zganić; skarcić; zbesztać

**all told** — wszystkiego (wszystkich) razem

**for all I can tell** — o ile mi wiadomo

**don't tell me!** — chyba nie!

**tell the two persons apart** — odróznić jedną osobę od drugiej

**keep (control) one's temper** — panować nad sobą

**have a quick temper** — łatwo wpadać w złość

**lose one's temper** — wyjść z siebie; wpaść w złość

**be on tenter-hooks** — niecierpliwić się, siedzieć jak na szpilkach

**come to terms** — pójść na ugodę, kompromis

**in terms of (money)** — w przeliczeniu (na pieniądze)

**acid test** (przen) — probierz

**test case** (praw) — precedens, sprawa, która w brytyjskim „case law" stanie się precedensem prawnym

**he will never set the Thames on fire** (przy) — on prochu nie wymyśli

**thank you ever so much** — bardzo a bardzo dziękuję

**thank you for nothing** (ir pot) — dziękuję (za nic)

**many thanks** — jestem bardzo wdzięczny

**and that's that** — nic na to nie poradzisz; tak już jest

**there you are!** — a widzisz, nie mówiłem! oto masz!

**in the thick of** — w samym sednie

**it is a bit thick** (pot) — tego tylko brakowało; co zanadto, to niezdrowo

**to set a thief to catch a thief** (przy) — wybijać klin klinem

**that's a bit thin** (pot) — to jest grubymi nićmi szyte

**as thin as a rake** — chudy jak szczapa

**see things** (pot) — mieć przywidzenia; uroić sobie

**just the thing** — o to właśnie chodzi; to jest modne

**the next best thing** — następny gatunek po najlepszym

**not the thing** — 1) niezupełnie to, czego potrzeba, 2) niezupełnie przyzwoicie

**as things go** — w tych warunkach, okolicznościach

**put first thing first** — robić rzeczy po kolei

**it amounts to the same thing** — na to samo wychodzi

**it's just one of those things** (pot) — (pocieszająco) to się zdarza; trzeba się z tym pogodzić

**of all things** (pot) — masz ci! (zdziwienie, oburzenie)

**other things being equal** — przy innych niezmiennych warunkach (łac. caeteris paribus)

**how are things?** (pot) — jak ci idzie?

**think no small beer of s.o.** — mieć o kimś wysokie wyobrażenie

**not to think twice** — nie wahać się; postępować pewnie

**think fit to do s.t.** — uważać za wskazane i dozwolone coś uczynić

**think highly of s.o.** — bardzo kogoś cenić

**wishful thinking** — myślenie po linii własnych marzeń; branie pragnień za rzeczywistość

**third degree** (am) — przewlekłe i wyczerpujące przesłuchiwanie (zwł. na policji)

**be on thorns** — siedzieć jak na szpilkach

**I cannot endure the thought ...** — nie mogę pogodzić się z myślą, że ...

**give thought to** — pomyśleć, zastanowić się

**on second thoughts** — po powtórnym przemyśleniu; po refleksji

**empty threats** — próżne pogróżki; strachy na Lachy
**to have a throat** (pot) — mieć ból gardła
**he has a lump in his throat** — wzruszenie ściska mu gardło
**through and through** — dokładnie, od deski do deski
**he is (an Englishman) through and through** — to typowy (Anglik)
**throw to the wolves** — poświęcić kogoś
**throw in s.o.'s teeth** — zarzucać komuś coś
**throw a party** (pot) — urządzić przyjęcie
**throw a sprat to catch a whale (mackerel)** (pot) — zarobić tanim kosztem
**be all thumbs** — być niezręcznym, fajtłapą
**Tom Thumb** — Tomcio Paluch
**thumbs up!** — brawo! uszy do góry!
**a tight corner** — trudności; przykra sytuacja; zapędzony do rogu
**till the cows come home** (pot) — 1) na zawsze; 2) na Świętego Nigdy
**timber** (żart) — drewniana noga, proteza (także w ogóle noga)
**shiver my timbers!** (pot) — niech to diabli wezmą!
**while away the time** — skracać czas
**the third time lucky (the third time pays for all)** — do trzech razy sztuka
**keep abreast of the times** — iść z duchem czasu, z postępem
**for the time being** — na razie
**have a good time** — dobrze się zabawić, spędzić czas
**my watch is keeping good time** — mój zegarek dobrze chodzi
**heaps of times** (pot) — wiele razy; b. często
**in no time** — szybko, migiem
**take one's time** — nie spieszyć się
**ahead of time** — przed terminem
**all in good time (in due time), (when the time is ripe)** — we właściwym czasie, z czasem

**he is pushed for time** — czas go nagli
**time's up** — już czas, nadszedł czas
**it is about time** — już pora
**high time** — najwyższy czas
**time out of mind (from time immemorial)** — od nie-
pamiętnych czasów
**times out of number** — niezliczoną ilość razy
**to the end of time** — na zawsze
**time and again** — wielokrotnie, od czasu do czasu
**old timer (pot)** — stary bywalec
**on the tips of one's toes** — na palcach nóg, na pa-
luszkach
**take my tip (pot)** — przyjm moją radę, wskazówkę,
**be born tired** (sl) — być b. leniwym
**I am tired of it** — już mam tego dość, obrzydło mi
**tit for tat (pot)** — ząb za ząb, pięknym za nadobne
**to and from** — tu i tam, do przodu i do tyłu
**toil and moil** — pracować ciężko
**on one's toes** (pot przen) — 1) pełen życia, 2) pod-
niecony
**step on s.o.'s toes** (pot) — nadepnąć komuś na od-
cisk
**not to let anybody step on one's toes** (pot) — nie dać
sobie w kaszę dmuchać
**in token of s.t.** — na znak czegoś; w dowód wdzięcz-
ności, pamięci
**Tommy (Atkins)** (pot) — prosty żołnierz, Jasio Zielone Ucho
**tommy-rot** (pot) — zupełny nonsens, bzdura
**lose one's tongue** — połknąć język; zaniemówić; zapomnieć języka w gębie (pot)
**keep a civil tongue in one's head** — trzymać język za
zębami
**keep one's tongue between one's teeth** — j.w.
informację

**wag one's tongue** (pot) — pleść trzy po trzy; mleć ozorem; mówić co ślina do ust przyniesie; ględzić

**his tongue goes nineteen to the dozen** (pot) — on bez przerwy miele językiem

**he has a ready tongue** — on jest gadatliwy, wymowny

**set tongues wagging** (pot) — dać powód do plotek

**the tongue ever turns to the aching tooth** (przy) — głodnemu chleb na myśli

**have on the tip of one's tongue** — mieć na końcu języka

**with one's tongue in one's cheek** (pot) — nieszczerze, ironicznie

**mother tongue** — język ojczysty

**down tools** — strajkować

**tooth and nail** — ze wszystkich sił

**from top to toe** — od stóp do głów

**on top of the world** — czuć się b. szczęśliwym

**on top of everything** — na domiar wszystkiego

**out of the top drawer** (pot) — z lepszej sfery, klasy społecznej

**topsy-turvy** — do góry nogami

**win the toss** — wygrać w orła i reszkę

**keep in touch** — utrzymywać kontakt

**get in touch** — nawiązać stosunki, kontakt

**touch s.o. on the raw** — dotknąć do żywego

**touch and go** — 1) o włos uniknąć niebezpieczeństwa, 2) wpaść na chwilkę (jak po ogień)

**town and gown** (pot br) — ludność miejska i uniwersytecka (gown=toga)

**be on s.o.'s track** — tropić kogoś, śledzić

**on the track** — na właściwym tropie

**off the beaten track** — na uboczu; na bocznej drodze

**trade follows the flag** — w ślad za wpływami politycznymi idą wpływy gospodarcze

**do a brisk trade** — robić kokosy; dorabiać się

**lose the thread** — stracić wątek

**boat train** — pociąg mający połączenie ze statkiem
**down train** — pociąg z głównego miasta
**up train** — pociąg do głównego miasta
**up a tree (pot)** — w poważnych trudnościach; bez pieniędzy
**to tree s.o. (pot)** — postawić kogoś w trudnym położeniu
**family tree** — drzewo genealogiczne
**like tree like fruit (przy)** — jabłko niedaleko pada od jabłoni
**play a trick on s.o.** — spłatać komuś figla
**do the trick** — wykonać coś, osiągnąć cel
**play a dirty trick on s.o. (pot)** — skrzywdzić kogoś
**tricks of the trade** — specjalne metody danego zawodu, przemysłu
**trooping the colour (br)** — uroczysta zmiana warty
**ask for trouble** — świadomie narażać się na przykrości
**ask for it (pot)** — j.w.
**do not trouble trouble till trouble troubles you (przy)** nie przejmuj się, dopóki nie grozi niebezpieczeństwo
**no trouble at all** — to jest drobiazg; ja to chętnie zrobię
**play truant** — chodzić na wagary; marnować czas
**only too true** — niestety, zbyt prawdziwe
**come true** — sprawdzić się; ziścić się
**yours truly (kor)** — z poważaniem
**a trump card** — najważniejszy atut
**blow one's own trumpet** — przechwalać się
**trunk call** — rozmowa telefoniczna zamiejscowa
**the greater the truth the greater the libel** — prawda w oczy kole
**have a try** — spróbować
**try, try again** — nie ustawać w próbach, wysiłkach
**tube (t)** — kolej podziemna
**signature tune** — melodia związana z daną osobą lub widowiskiem (radio, telewizja etc)

**call the tune** — zadawać ton

**the same old tune** — ta sama piosenka, dokoła Wojtek

**to the tune of** (£200) — około (£200)

**turn up one's toes (heels)** (pot) — umrzeć; wyciągnąć nogi, kopyta

**turn s.o.'s brain** — zawrócić komuś w głowie

**turn inside out** — wywrócić na nice

**turn of the century** — początek stulecia

**turn of the tide** — zmiana na lepsze; znaczne polepszenie

**it turns my stomach** — dostaję od tego mdłości

**by turns** — kolejno, po kolei

**out of turn** — poza kolejką

**turn of duty** — dyżur

**your turn** — kolej na ciebie

**talk out of turn** (pot) — odpowiadać impertynencko

**take a turn of work** — popracować sobie

**at every turn** — na każdym kroku

**do s.o. a good turn** — wyświadczyć komuś przysługę

**do s.o. a bad turn** — oddać komuś złą przysługę; wpakować kogoś w kabałę, zrobić komuś przykry kawał

**one good turn deserves another** — przysługa za przysługę

**have a turn for s.t.** — mieć zdolności (dryg) do czegoś

**Tweedledum and Tweedledee** (pot) — bliźniaczo podobni, nie kijem to pałką

**twists and turns** — szczegóły; detale; wszystkie kąty i zakamarki

**tongue-twister** — trudne do wymówienia wyrazy, zdania (np. dla Anglika "chrząszcz brzmi w trzcinie")

**think twice** — przemyśleć dobrze; zastanowić się

**by twos** — parami; w dwójkach

**in two twos** (pot) — w mig, w oka mgnieniu

**two is a company, but three is none (is a crowd)** (przy) — gdzie się dwoje bawi, tam we troje nudno

**two can play at that game** — kij ma dwa końce
**not worth twopence** — nie warte funta kłaków
**true to type** — typowy; normalny; zgodny z wzorem

# U

**ugly customer** (pot) — niebezpieczny typ
**with the unaided (naked) eye** — nieuzbrojonym, gołym okiem
**take (catch) s.o. unawares** — zaskoczyć kogoś
**unbend one's brow** (prze) — rozchmurzyć się
**unbosom oneself** — zwierzyć się; wywnętrzyć się
**uncontested election** — wybory, w których nie ma kontr-
kandydata innej partii
**extreme unction** — ostatnie namaszczenie
**keep s.o. under** — trzymać kogoś w uległości
**under favour** (arch) — za pozwoleniem
**under colour** — pod pozorem
**under the rose** — w tajemnicy
**under one's breath** — szeptem
**under-age** — niepełnoletni
**under-dog** — człowiek słabszy, upośledzony, pokonany
**underground movement** — ruch oporu
**on the understanding** — pod warunkiem
**make oneself understood** — wyjaśnić, wytłumaczyć
**I can make myself understood in English** — mogę się
porozumieć (dogadać) po angielsku
**it is beyond my understanding** — to jest dla mnie nie-
pojęte
**understatement** (t) — niedomówienie; zbyt umiarkowa-
ne twierdzenie
**undertaker** (t) — właściciel zakładu pogrzebowego
**what is done cannot be undone** (przy) — co się stało,
to się nie odstanie
**Union Jack** (br) — państwowy sztandar Wielkiej Brytanii
**university man** — człowiek z wykształceniem akade-
demickim

**not unlikely** — prawdopodobne

**the great unwashed** — hołota, szumowiny

**be well up in** — dobrze się znać na sprawie, być przygotowanym do egzaminu

**up-to-date** — współczesny; modny

**be up and about** — wychodzić po chorobie

**up and doing** — czynny; zajęty

**up with you!** — wstań! dość wylegiwania się!

**it is up to you** — to zależy od ciebie; to twój obowiązek

**up to the hilt** — do kresu możliwości

**what are you up to?** — jakie masz zamiary? o co ci chodzi?

**what is up?** — co się dzieje, o co chodzi?

**upon the whole** — naogół

**ups and downs** — radość i smutki; zmienne koleje losu

**ups-a-daisy!** (pot) — (do dziecka) wstańże!

**upper story** (pot) — głowa, mózg, rozum

**Upper House** (br parl) — Izba Lordów

**upper crust** (pot) — elita; śmietanka towarzyska; arystokracja

**upper ten thousand** — wyższe sfery; bogacze; arystokracja

**have the upper hand** — mieć przewagę, rządzić

**upset the apple cart** — przeszkodzić, pomieszać czyjeś szyki

**kick s.o. upstairs** — dać synekurę, by pozbyć się kogoś

**be quick in the uptake** — w lot rozumieć, o co chodzi

**blind usage** — niepisane, zwyczajowe prawo; uzusy

**use s.o.'s name** — powołać się na kogoś

**put to use (make use of)** — zrobić z czegoś użytek; wykorzystać

**have no use for** — 1) nie potrzebować czegoś; 2) nie znosić kogoś

**there is no use** — nie warto; nie ma sensu

**what is the use?** — po co to? czy to ma sens?

**he is used to anything like an eel to skinning** (pot) —
   on jest do wszystkiego przyzwyczajony; jemu to
   nie pierwszyzna
**to the utmost** — w najwyższym stopniu
**I shall do my utmost** — uczynię absolutnie wszystko,
   co jest w mej mocy

# V

I **feel a vacuum in the lower regions** (żart) — kiszki mi marsza grają

**vale of tears (misery, woe)** — padół łez

**St. Valentine's day** (ob) — 14 lutego, gdy zakochani posyłają sobie kartki z wierszami (Valentines)

**face value** — wartość nominalna

**accept s.t. at its face value** — brać coś za dobrą monetę

**get good value for one's money** — dobrze, korzystnie kupić

**surrender value** — wartość pieniężna polisy na życie, zrealizowanej przed terminem

**be at variance** — sprzeczać się

**become a mere vegetable** (pot). — wegetować

**take the veil** — wstąpić do (żeńskiego) klasztoru

**cast a veil over s.t.** — przemilczeć, ukryć

**under a veil of** — pod pozorem; pod pretekstem

**in the same vein** — w tym samym duchu

**be on velvet** — 1) być pewnym wygranej; 2) żyć w luksusie

**give vent to** — dać upust (uczuciom)

**at a venture** (t) — na chybił trafił

**nothing venture, nothing win (have)** (przy) — kto nie ryzykuje, ten nic nie ma

**open verdict** (praw) — wyrok stwierdzający przestępstwo bez ustalenia osoby, która je popełniła

**on the verge of s.t.** — na skraju; blisko

**the very (man)** — właśnie ten (człowiek)

**at the very (bottom)** — na samym (dnie)

**leaky vessel** — gaduła; niedyskretny

**vested interests** — prawa zabezpieczone, nabyte

**bird's eye view** — widok z lotu ptaka; ogólny przegląd

**take a view** — mieć pogląd; być zdania

**on a short view** — na krótką metę
**take a long view** — oceniać na długą metę
**private view** — prywatny pokaz (za zaproszeniami)
**take a jaundiced view of s.t.** — podchodzić do czegoś
 z uprzedzeniem
**in view of** — biorąc pod uwagę, wobec
**have in view** — mieć na widoku
**with a view to** — z celem, z myślą o czymś
**the villain of the piece** — główny przestępca, sprawca
**negative (passive) virtue** — (o osobie nie wyrządza-
 jącej krzywdy, lecz i nie okazującej pomocy)
**by virtue of** — na mocy, na podstawie
**flying visit** — krótka wizyta
**pay s.o. a visit** — złożyć komuś wizytę
**return a visit** — rewizytować
**all the vogue** — ostatni krzyk mody
**in vogue** — modny
**out of vogue** — niemodny
**voice an opinion** — wyrazić pogląd, zdanie
**with one voice** — jednogłośnie
**gin-and-water voice** (pot) — przepity głos
**voice crying in the wilderness** (rel) — głos wołają-
 cego na puszczy
**at the top of one's voice** — na cały głos, całe gardło
**of one's own volition** — na własne żądanie; dobrowolnie
**voluntary (school, hospital)** — szkoła, szpital, utrzy-
 mywane z dobrowolnych składek
**voluntary patient** — pacjent w szpitalu dla nerwowo
 chorych, który sam się zgłosił na leczenie
**cast a vote** — oddać głos
**casting vote** — głos decydujący (zwł. przewodniczą-
 cego)
**take the vows** — wstąpić do (męskiego) klasztoru
**maiden voyage** — pierwsza podróż nowego statku

# W

**tongues are wagging** (pot) — kursują pogłoski; rozchodzą się plotki

**living wage** — minimum utrzymania; niska płaca

**name your wager?** (arch) — o co zakład?

**waifs and strays** — dzieci bezdomne, opuszczone, bez opieki

**lie in wait** — czatować na kogoś

**wait a bit (jiffy, second, minute)** — zaczekaj chwilkę

**wait and see** — polityka wyczekiwana (formuła polityki br.)

**wait upon s.o. hand and foot** — nadskakiwać komuś

**in s.o.'s wake** — w ślad; po piętach

**go for a walk** — iść na spacer

**go at a walk** — iść wolnym krokiem

**walk of life** — zawód; zajęcie; stanowisko społeczne

**get one's walking papers** (pot) — zostać zwolnionym z pracy; pójść na zieloną trawkę

**with one's back to the wall** — przyparty do muru

**wallflower** (pot t) — panna siejąca pietruszkę (gdy inni tańczą, ona siedzi pod ścianą)

**over the walnuts and wine** (pot) — przy deserze

**you are getting warm** (pot) — jesteś niedaleki prawdy; ciepło! ciepło!

**make things warm for s.o.** (pot) — zatruwać komuś życie; dokuczać komuś

**warm s.o.'s ears** (pot) — natrzeć komuś uszu

**warm s.o.' jacket** (pot) — przetrzepać komuś skórę

**warm s.o.'s heart** (pot) — uradować komuś serce

**you have been warned** — nie mów, żeś nie wiedział

**it will all come out in the wash** (pot) — to się okaże w praniu

**wash one's dirty linen in public** — prać brudy publicznie

**waste not, want not** (przy) — nie trwoń, a nie będziesz w biedzie

**waste one's breath** — nadaremnie mówić; tracić parę z ust

**lay s.t. waste** — obrócić w perzynę

**watch one's step** — mieć się na baczności

**a watched pot never boils** (przy) — im bardziej czegoś się pragnie, tym trudniej się doczekać

**all waters run to his mill** (pot) — to wszystko jest wodą na jego młyn

**be in low water** — być w trudnym położeniu, bez pieniędzy

**a lot of water has flowed under the bridge** (pot) — dużo wody upłynęło w rzece (od tego czasu)

**in deep waters** — w opałach; w trudnościach

**draw water in a sieve** (pot) — sitem wodę nosić

**too much water drowns the miller** (przy) — co zanadto, to niezdrowo

**like water off a duck's back** (pot) — jak z gęsi woda

**still waters run deep** (przy) — cicha woda brzegi rwie

**get into hot water** (pot) — popaść w tarapaty; wpakować się w kabałę

**it brings water to my mouth** — od tego ślinka mi idzie do ust

**it makes my mouth water** — j.w.

**he takes to it like a duck to water** — to mu idzie jak po maśle; czuje się we własnym żywiole

**make a hole in the water** (żart pot) — utopić się

**stolen waters are sweetest** — kradzione lepiej smakuje

**turn on the waterworks** (pot żart) — lać gorzkie łzy

**be in s.o.'s way** — zawadzać; przeszkadzać; kręcić się pod nogami

**in a way** — można powiedzieć; pod pewnym względem

**by the way** — 1) po drodze, na drodze, 2) między innymi, 3) à propos

**feel one's way** — 1) posuwać się po omacku, 2) postępować ostrożnie

**(works are) under way** — (prace są) w toku

**get one's own way** — postawić na swoim

**one way or another** — tak czy inaczej

**get out of s.o.'s way** — usunąć się z czyjejś drogi; ustąpić

**am I in your way?** — czy nie przeszkadzam?

**in a roundabout way** — mijając sedno rzeczy; kołując

**have a way with people** — umieć obchodzić się z ludźmi

**keep out of harm's way** — unikać niebezpieczeństwa

**where there's a will there's a way** — dla chcącego nie ma nic trudnego

**meet s.o. half-way** (przen) — iść na ugodę, kompromis

**nothing out of the way** — nic nadzwyczajnego, szczególnego

**not by a long way!** — daleko nam (wam, im) do tego!

**that's my way** — taki już jestem

**things are in a good (bad) way** — sprawy przedstawiają się dobrze (źle)

**there are no two ways about it** — co do tego nie może być dwóch zdań

**just the other way about** — zupełnie przeciwnie; odwrotnie; na opak

**the other way round** — j.w.

**ways and means** — sposoby i środki (zwł. znalezienia pieniędzy na pokrycie budżetu)

**in great way** — na szeroką stopę, skalę

**in a small way** — skromnie; na małą skalę

**it cuts both ways** — kij ma dwa końce; miecz jest obosieczny

**wear the breaches** (pot) — trzymać męża pod pantoflem

**wear and tear** — zniszczenie; amortyzacja

**wear one's age well** — dobrze się trzymać jak na swój wiek

**wear out one's welcome** — nadużywać gościnności

**King's (Queen's) weather** — dobra pogoda podczas uroczystości

**like a weathercock in the royal weather** (pot) — jak kurek na kościele

**ill weeds grow apace** (przy) — złe ziele najbujniej się krzewi

**week in, week out** — co tydzień, tydzień w tydzień

**put on weight** — utyć

**lift a weight off s.o.'s mind** — zdjąć kamień z serca

**weighed down with years** — obarczony latami

**bid welcome** — przywitać

**you are welcome** (zwł am pot) — 1) proszę bardzo, 2) witam, 3) proszę nie dziękować, to drobiazg, 4) nie ma za co, 5) proszę się nie krępować

**welfare state** — państwo o rozbudowanym systemie ubezpieczeń i opieki społecznej

**jolly well** (pot) — doskonale; brawo; znakomicie

**well-to-do (well-off)** — bogaty; zamożny

**well enough** — tak sobie; wystarczające; ujdzie

**as well as can be expected** — (formuła szpitalna o stanie zdrowia pacjenta)

**wet-nurse** — mamka

**dripping wet (wet to the skin)** — przemoczony do ostatniej nitki

**a wet blanket** (pot) — osoba gasząca optymizm i dobry nastrój innych

**have a whale of a time** (pot) — dobrze się zabawić

**and what not** (pot) — i temu podobne; i tak dalej; i jeszcze niewiadomo co

**what is he up to?** — o co mu chodzi? co on zamierza?

**what is it all about?** — o co chodzi? co się stało?

**what for?** — po co?

**what of it (so what)?** — i co z tego?

**wheels within wheels** (pot) — skomplikowane: mechanizm, sprawa, intryga etc
**go on wheels** (pot) — iść jak po maśle
**when on earth?** (pot) — kiedyż?
**I cannot tell which is which** — nie mogę odróżnić jednego od drugiego
**a little while** — krótko
**a long while** — długo
**for a while** — czasowo, tymczasowo
**between whiles** — od czasu do czasu
**once in a while** — rzadko; wyjątkowo; raz na długi okres czasu
**it is not worth while** — to się nie opłaca; nie warto zachodu
**while you are about it** — skoro już o tym mowa
**pay for one's whistle** (pot) — drogo zapłacić za zachciankę
**wet one's whistle** (pot) wypić; przepłukać gardło
**whistle down the wind** (pot) — puścić kantem
**he may whistle for it** (pot) — niedoczekanie jego; może czekać do maja
**white-collar job** (pot) — zajęcie biurowe
**white elephant** — rzecz kłopotliwa i niepotrzebna (zwł. prezent)
**white paper** (br) — Biała Księga; wydawnictwo urzędowe
**as a whole** — w całości
**on the whole** — ogólnie biorąc
**grass widow (widower),** (pot) — słomiana wdowa (wdowiec)
**big-wig** — ważna osoba; szyszka
**wild-goose chase** (pot) — zupełnie beznadziejne przedsięwzięcie
**at will** — 1) ile się podoba, 2) w dowolnym czasie
**of one's free will** — z własnej woli; dobrowolnie
**willy-nilly** — chcąc niechcąc; rad nierad
**last will (last will and testament)** — testament

**win by a fluke** — wygrać fuksem, niespodziewanie

**win hands down** — wygrać z łatwością

**preach to the winds** — mówić na wiatr, do ściany, do lampy

**in the wind's eye, in the teeth of the wind** — wprost pod wiatr

**who knows how the wind blows?** — kto tam wie, co w trawie piszczy?

**there is s.t. in the wind** — coś się szykuje; chodzą pogłoski

**it's an ill wind that blows nobody good** (przy) — nie ma złego bez dobrego

**on the wings of the wind** — z szybkością wiatru

**what good wind brings you here?** — co ciebie tutaj sprowadza?

**window-shopping** (pot) — oglądanie wystaw sklepopowych

**wine and dine s.o.** — częstować; przyjmować

**forty winks** (pot) — drzemka (zwł poobiednia)

**not to get a wink of sleep** (pot) — nie zmrużyć oka

**in a wink** — w mgnieniu oka

**wipe the floor with s.o.** (sl) — pomiatać kimś; upokorzyć kogoś

**a live wire** — energiczny, przedsiębiorczy człowiek

**tap the wire** — podsłuchiwać rozmowę telefoniczną; przejmować telegram

**wire-pulling** — protekcja, wpływy

**pull wires** (pot) — robić zakulisowe posunięcia

**and no one is any the wiser** (pot) — i nikt się o tym nie dowie

**wise after the event** — mądry po szkodzie

**as wise as before (none the wiser),** (pot) — to nie wnosi nic nowego; to nic nie wyjaśnia

**the wish is father to the thought** (przy) — życzenie jest ojcem myśli

**if wishes were horses, beggars would ride** (przy) — gdyby ciocia miała wąsy, to by była wujkiem

**wishes can never fill a sack** — dobre chęci nie wystarczają

**wishy-washy** (pot) — ględzenie

**play the wit** — sadzić się na dowcipy, koncepty

**frighten s.o. out of his wits** — napędzić komuś strachu; przestraszyć na śmierć

**be at one's wit's end** — znaleźć się w kropce

**star (chief) witness** — główny świadek; świadek koronny

**be a lone wolf** — chodzić własnymi drogami

**a wolf in sheep's clothing** — wilk w owczej skórze

**cry wolf** — podnosić fałszywy alarm

**the wolf loses his teeth but never his nature** (przy) — natura ciągnie wilka do lasu

**set the wolf to keep the sheep** — powierzyć zadanie zupełnie nieodpowiedniej osobie

**throw to the wolves** — poświęcić kogoś

**my good woman** (żart) — moja kochana pani

**the old woman is picking her geese** (żart) — śnieg pada

**there is a woman in it** — to kobiece sprawki; kobieta maczała w tym palce (fr. cherchez la femme)

**I wonder!** — wątpię! nie wierzę! czyżby?

**no wonder** (small wonder) — nic dziwnego

**a nine days' wonder** (pot) — chwilowa, przemijająca sensacja

**touch wood** (pot) — odpukać w drzewo, w niemalowane wrota

**take to the woods** (am) — uchylać się od odpowiedzialności (zwł. nie brać udziału w wyborach)

**not to see the wood for trees** (pot) — gubić się w szczegółach

**go wool-gathering** (pot) — popuścić wodze myślom, wyobraźni

**household word** — utarte, dobrze znane słowo, wyrażenie

**eat one's words** — odwołać; odszczekać

**mark my words!** — popamiętasz moje słowa! zapamiętaj sobie!

**not to mince one's words** — mówić szczerze, bez ogródek, prosto z mostu

**go back on one's word** (pot) — cofnąć przyrzeczenie, słowo

**person of many words** — gadatliwa osoba

**in the true sense of the word** — w pełnym tego słowa znaczeniu

**fine words butter no parsnips** (przy) — obiecanki-cacanki a głupiemu radość

**get a word in edgeways** (pot) — przyjść do słowa; wtrącić parę słów

**words fail me** — brak mi słów

**have a word with** s.o. — zamienić z kimś parę słów

**waste words** — mówić na wiatr

**take s.o. at his word** — trzymać kogoś za słowo

**take s.o.'s word** (pot) — wierzyć komuś na słowo

**word for word** — dosłownie; żywcem

**be as good as one's word** — dotrzymać słowa

**take my word (for it)** — uwierz mi na słowo

**not to be at a loss for words** — nie cierpieć na brak słów, tematów

**the word with a bark in it** (pot) — szczerze; prosto z mostu

**pass the word** — przekazać rozkaz

**upon my word** — słowo daję; słowo honoru

**a word to the wise is enough** (przy) — mądrej głowie dość dwie słowie

**my word!** (pot) — masz ci! masz babo placek (redutę)!

**too funny for words** — nieopisanie śmieszny

**pressure of work** — nawał pracy

**glutton for work** — bardzo pracowity

**donkey-work** — praca nie wymagająca kwalifikacji; czarna robota

**work one's passage** — 1) odpracować na statku za przejazd, 2) odpokutować

**make short work of s.t.** — szybko wykonać pracę, zadanie

**work like a horse** — pracować jak wół, dziki osioł

**a woman's work is never done** — roboty domowe nigdy nie kończą się

**it won't work** — to się nie uda

**I wouldn't do it for the world** — nie zrobię tego za nic na świecie

**the world is a small place!** — jakiż ten świat jest mały!

**world affairs** — polityka światowa

**on top of the world** — zachwycony; wniebowzięty

**all the world and his wife** — wszyscy bez wyjątku; duże towarzystwo

**worm one's way into** — wkradać się (np. w łaski)

**be worse off** — być w gorszym położeniu

**worse things happen at sea** — (pocieszająco) bywa gorzej

**to make it worse** — na dobitkę złego

**get the worst of it** — ponieść porażkę; być w najgorszym położeniu

**make the worst of** — patrzeć na coś pesymistycznie

**if the worst comes to the worst** — w najgorszym wypadku, razie

**for all one is worth** — ze wszystkich sił

**not worth a bean (straw, rap, damn, farthing, fig)** (pot) — nie wart nic, funta kłaków, złamanego szeląga

**worth one's while** — wart zachodu, trudów

**(shilling's) worth** — za (szylinga)

**not to be worth one's salt** — nie być wartym wynagrodzenia, które się otrzymuje

**you cannot wring water from a stone** — z próżnego i Salomon nie naleje

**the present writer** — piszący te słowa; autor niniejszej książki, artykułu

**the writing on the wall** (rel) — zapowiedź nieszczęścia, katastrofy; ostrzeżenie: Mane-Tekel-Fares

**to right a wrong** — naprawić krzywdę
**get it all wrong** — źle zrozumieć; pokręcić
**what's wrong with you?** — co ci jest?
**what's wrong with it?** (pot) — co w tym złego? co
ci się nie podoba?
**wrong number** — pomyłka (telefoniczna)
**the wrong side foremost** — tyłem do przodu
**hold the wrong end of the stick** (przen) — opacznie
coś rozumieć; niewłaściwie ujmować coś
**you were not far wrong** — byłeś bliski prawdy
**be on the wrong side of 40** — być po czterdziestce;
przekroczyć 40 lat

# Y-Z

**Yankee Doodle** — amerykański hymn narodowy
**measure other people by one's own yard-stick** — mierzyć innych swoją miarką
**Scotland Yard ( the Yard)** (br) — policja śledcza i jej siedziba
**spin a yarn** (pot) — opowiadać niestworzone historie, duby smalone
**yes and nay** (arch) — i tak i nie
**the yeas have it** (zwł. parl) — uchwała przeszła; wniosek został przyjęty
**leap year** — rok przestępny
**from year to year** — z roku na rok
**year in, year out** — 1) rok za rokiem; 2) przez cały rok; 3) jak rok długi
**year after year (year by year)** — rok za rokiem
**I have not seen him for years** — nie widziałem go od lat
**I have not seen him for donkey's years** (pot) — nie widziałem go kopę lat
**in the year one** — bardzo dawno temu
**all the year round** — przez cały (Boży) rok
**in the year of grace** — roku Pańskiego
**see in the new year** — spotykać nowy rok
**stricken in years** — obarczony latami
**old for his years** — dziecko nad wiek rozwinięte
**he is 20 years old** — on ma 20 lat
**small years** (arch) — lata dzieciństwa
**advanced in years** — w podeszłym wieku; podstarzały
**tender years** — lata młodości
**wear one's years well** — dobrze wyglądać na swój wiek
**yellow dog** (am) — szuja; szubrawiec

**yellow dog fund** (am) — fundusz przeznaczony na łapówki

**give me an yell, when...** (pot) — zawołaj mnie, gdy...

**yes, Sir!** (woj) — rozkaz! na rozkaz!

**yes-man** (pot) — człowiek potakujący, bezkrytycznie oddany, rękodajny

**yesterday week** — wczoraj minął tydzień, odkąd...

**yield the palm** — oddawać palmę pierwszeństwa

**yield a point to s.o.** — przyznać komuś słuszność w danej sprawie

**not to yield an inch** — nie ustępować ani piędzi

**yield up one's breath** — wyzionąć ducha

**shake off the yoke** — zrzucić jarzmo

**of yore** (arch) — dawno temu, w zamierzchłej przeszłości

**put Yorkshire on s.o.** (pot) — oszukać; nabrać kogoś; nabić w butelkę

**you are not quite yourself** — nie jesteś w swoim sosie; czujesz się nieswojo

**all of you** — wy wszyscy

**between you and me** — między nami, w tajemnicy (Anglicy zawsze wymieniają najpierw „you", potem „me")

**a friend of yours** — twój przyjaciel

**you and yours** — ty i twoi krewni

**what's yours?** (pot) — czego się napijesz?

**yours of 6th May** (kor handl) — list Panów z 6 maja

**grow young again** — odmłodnieć

**60 years young** (żart) — młody choć już ma 60 lat

**young at heart** — młody duchem

**young man in a hurry** — karierowicz; niecierpliwy reformator

**with young** — ciężarna (o zwierzętach)

**he is young for his age** — 1) on młodo wygląda; 2) on jest niedoświadczony, spóźniony w rozwoju

**a young hopeful** — nadzieja rodziny; obiecujący młodzieniec (obiecująca panna)

**my young man** — mój ukochany; mój kawaler
**gilded youth** — złota młodzież
**zeal without knowledge is a runaway horse (przy)** —
   gorliwość bez wiedzy do niczego nie doprowadzi
**zero hour** — czas rozpoczęcia czynności, zwł. ataku,
   akcji wojennej
**put a zip into it!** (pot) — żwawo! z życiem!

POPRZEDNIO UKAZAŁY SIĘ NAKŁADEM „ODNOWY"